Grims ey
Rauda gnupur
Rolsker
Flatey
Lundey
Hualsfiord
Eyafiordur
Skialfanda fiord
Rekia heydur
Husevig
Grenested
Muli
Myvorn
NORDLEN DINGAFIOR DVNG.
Munke tuere closter.
Mokrufeld
Bardur dalur
Sand Iokul
Suartar notn
Fodinæ sulphureæ præstantissimæ
Arnafelds Iokul
His notis distinguitur limes inter vtramq dioecesim
Strand
Hof
Vopnafiorder
Kurbar
Iokus a
Skirdu closter
Fliotzdallr
Aradal
AVSTLENDIN GAFIORDVNG
Grimels fiord
Midfiord
Finnafiord
Sandvig
Digranes
Balanes
Reydar fiord
Garavig
Bern fiord
Pap ey
Oriens
Hierskeyd
Breid
Horn
Brolangs eyer
Langedal
SVNDLEN DINGAFIOR DVNG.
Hekla perpetuis damnata estib. et niuib. horrendo boatu lapides euomit
SKALHOLT sedes episcopalis, cui adiuncta est schola
Fiske notn
Mydals Iokul
Oddi
Eyafialla Iokul
Solheima Iokul
Kirkebar closter
Medalland
Equorum tanta hic velocitas, vt continuo cursu 20. milliaria conficiant.
Eyrarbach
Vaccæ marinæ
Corui, et falcones albi
Astuta vulpeculaurm versatio, in nidis volucrum inuestigandis atque diripiendis
Ingols hofdi
Eldor
WESTMANNA EIAR
ILLVSTRISS. AC POTENTISS. REGI FREDERICO II DANIAE, NORVEGIAE, SLAVORVM, GOTHORVMQVE REGI, ETC. PRINCIPI SVO CLEMENTISSIMO, ANDREAS VELLEIVS DESCRIBEB. ET DEDICABAT.

*„In Island machen wir uns nicht so viel Stress wegen jeder Kleinigkeit.*
*Bei uns sagt man: ‚Þetta reddast.'*
*Das bedeutet: Es wird schon irgendwie gut gehen. Vielleicht liegt das auch am Wetter, das in Island verrückt ist. Regen, Schnee, Sturm, ein Vulkanausbruch …*
*Wir wissen, dass sich ständig alles ändern kann, damit können wir umgehen. Auch im Sport denken wir uns: Was soll groß passieren?*
*Und wenn uns mal ein Fehler unterläuft, sagen wir:*
*Passiert, weiter geht's!"*

*Glódís Perla Viggósdóttir*
*Fußballspielerin aus Island [1]*

Guido Lange

# Abenteuer Island

## Auf zwei Rädern um die Insel aus Feuer und Eis

Ampel Publishing
Active
Moving
Pure
Engaged
Literature

Guido Lange

# Abenteuer Island

## Auf zwei Rädern um die Insel aus Feuer und Eis

Reiseerzählung mit Bildern
und einem Nachwort von Carmen Rohrbach

Ampel Publishing
Active
Moving
Pure
Engaged
Literature

Island in Sicht!
Das war das erste,
was ich vor
Seydisfjördur sah.

# Auf nach Island!

„Was willst Du in Island?“ Das fragten mich alle und auch ich fragte mich das. Ich wollte die Antwort auf die Frage nach dem Zauber, nach der Einmaligkeit der Insel aus Feuer und Eis bekommen. Und das geht nur, wenn man dort hinfährt und sich dieses Stück der Welt selbst ansieht.

Schon kurz nach dem Mauerfall war mir Island als etwas ganz Besonderes aufgefallen. Unter Freunden, in den Medien und eigentlich überall wandelte sich der Ton, in dem die Menschen, die Natur und die Landschaft dort beschrieben wurden. Vulkane, Gletscher, der Geysir, die Pferde, aber auch die Musik, Kunst und Design – einfach alles rief nach genauerer Betrachtung. Die ersten Ostdeutschen brachen nach Skandinavien auf, um nicht nur von Ikea zu erfahren, wie es im Norden Europas ist. Ich fuhr mit dem Rad immerhin nach Prag und in die Masuren bis an die Grenze zu Belarus. Das waren damals die Anfänge, meine ersten Abenteuerreisen.

Vegvisir – Kompass
der Isländer
und ihrer Vorfahren.

Der Geysir von Andernach – Der höchste Kaltwassergeysir der Erde
Foto: Bungert55 [2]

Als der Island-Pavillion auf der Expo 2000 in Hannover mit Design, Innovation und einem künstlichen Geysir warb, schwappte das Fass mit der Aufschrift ‚Fernweh' endgültig über, und ganz oben auf der Liste stand weiter Island. Filme, in denen wabbeliger, gekochter Fisch gegessen wurde, die Fenster der feuchten Häuser beschlugen und draußen Stürme und Unwetter tobten, bevor der Winter alles in Eis und Schnee hüllte, bremsten mich jedoch. Mein Island-Bild wurde aber auch geprägt von Kriminalfilmen aus einem Land, das kaum Kriminalität kennt.

Freunde und Bekannte sagten, es sei sicher magisch und geheimnisvoll, aber eben auch weit weg, kalt und einsam. Ich sagte mir das selbst auch, sagte es mir noch vier Wochen vor dem Aufbruch, als schon alle Messen gesungen und alle Vorbereitungen getroffen waren. Das neue Poison Gravelbike stand schon im Hausflur, ich hatte Probefahrten mit und ohne Gepäck gemacht und häufte im Wohnzimmer immer mehr Dinge auf, die ich mitnehmen wollte. Und doch zweifelte ich daran, ob es wirklich eine gute Idee war, auf mich gestellt den Bedingungen zu trotzen, um das Unbekannte zu entdecken. Ich war durchs Baltikum bis zum Marathon nach Helsinki gelaufen, hatte mich hungrigen, wilden Hunden in Transkaukasien erfolgreich entzogen und war in langen, schnellen Etappen die ganze Atlantikküste abgeradelt. Aber diesmal hatte ich einen noch höheren Respekt vor der Herausforderung. Für mich, dem vieles im Leben schon gelungen ist, sind Respekt und zumindest Anflüge von Demut eine gute Sache. Es muss nicht alles klappen, aber es kann. Das weiß ich aber immer erst hinterher.

Zunächst wachte ich nach einer ewig langen Autofahrt und fünf unbequemen Nachtstunden auf dem Sitz des alten Peugeot am Hafen von Hirtshals im Norden Dänemarks auf. Die ‚Norröna' lag am Kai und ich wurde mit meinem neuen Rad ganz nach vorn zur Lane 1 beordert, um als einer der ersten für volle zwei Tage im Bauch der Fähre einzutauchen. Dieser Moment des Beginns ergriff mich und ein paar Tränen brachten

In den Schären der Faröer Inseln: Die Smyril Line machte eine kleine Kreuzfahrt mit uns.

die Linsen zum Schwimmen. Ich brauchte die Frage „Warum?“ nicht zu beantworten. Ich musste mich nicht länger mit Zweifeln und Gedankenspielen über Sinn und Unsinn dieses Abenteuers herumschlagen. Ich machte das jetzt einfach! Island hatte mich fasziniert, wegen der Mythen und der Abgeschlossenheit im Nordatlantik. Es mussten unglaublich verwegene Menschen gewesen sein, die sich vor hunderten von Jahren auf der Flucht vor Strafen des norwegischen Königs auf der unbewohnten Insel nieder gelassen hatten. Und dann hatten sie irgendwie überlebt. Sie fällten Bäume, bauten sich Häuser und heizten ein. Das waren die Gründe für meine Sehnsucht und meine Lust auf das Abenteuer Island, zu denen wahrscheinlich unzählige weitere hinzukamen, wenn ich erstmal alles mit eigenen Augen sah.

Das Ergebnis all meiner Überlegungen ist diese Reise, die Schluss macht mit Mutmaßungen, mit Hörensagen und mit allem, was man so über Island erzählt. Diese Reise offenbart einfach, wie Island wirklich ist.

Tórshavn –
Die Hauptstadt der
Faröer Inseln

Am ersten Abend fuhren wir dicht an Norwegen vorbei und ich fing mit allen anderen Passagieren an zu fotografieren. Die Küste von Kristiansand bot einen Leuchtturm im Dunst, also eigentlich nichts Besonderes. Aber so sind wir Menschen: Ein paar Stunden ohne Handy und es genügen kleinste andere Reize, um uns zu zerstreuen. Gefangen in der Langsamkeit und Eintönigkeit der Fährfahrt wandelten die Menschen durch die Gänge und draußen auf dem Oberdeck. Die Orkneys, zugehörig zu den Shetland Inseln, streiften wir ebenfalls, aber nur im Morgengrauen.

Im Bordrestaurant entdeckte ich Jaap, der in sich ruhend auf das Heck der Fähre und den Wellenschlag sah. Es genügte beinahe ein Wort und er wendete sich mir zu und wir plauderten. Er kam von einer Skandinavientour mit seinem Offroadcamper und wollte nach Hause nach Reykjavik. Solche Touren machte er jetzt im Ruhestand, nachdem er schon mehr als die halbe Welt in seinem Berufsleben gesehen hatte. Zusammen kommentierten wir den Zwischenstopp in Tórshavn, der Hauptstadt der Färöer. Schade, dass wir nicht an Land durften, um uns die Beine zu vertreten, einen Kaffee zu trinken, eine Postkarte zu schreiben und ein weiteres Häkchen auf der Reiseroute des Lebens zu machen. Früher hielt man sich dort einige Stunden auf, aber die Abläufe des Ladens und Löschens sind stark optimiert. Es wurden sogar Frachten für Island ausgeladen, um tiefer liegende Trailer herauszuziehen und sie dann wieder rückwärts reinzuschieben. Ein menschengemachter Ameisenhaufen aus Trailerfahrzeugen, den Anhängern und den Arbeitern, die dazwischen stehen oder auf den Fahrzeugen sitzen. Es genügt ein kleiner Wink, um tonnenschwere Lasten zu korrigieren. Diese reibungslose, nonverbale Kommunikation und vor allem deren Ergebnis nötigte uns Respekt ab. Es musste nichts noch einmal korrigiert, keine Rangierfahrt ein zweites Mal begonnen werden. Alles saß auf Anhieb.

Die Flagge der Faröer Inseln

Das Wappen der Faröer Inseln [3]

Bis auf ein paar Orcas und den drei Mahlzeiten im Restaurant bestand die Vorbereitung auf Island eher in den inneren Tagträumen und Gedanken. Die frohe Erwartung auf Unbekanntes teilte ich mit praktisch allen anderen und konnte die Ankunft kaum erwarten. Und dann war es soweit: Nach 48 Stunden Fahrt liefen wir in Seyðisfjörður ein, der westlichsten Hafenstadt Islands. Schon früh wurden wir mit der Ansage geweckt, dass es bald soweit sei, und wir die Kabinen räumen mögen.

Die Flagge von Island

So packten Eric, Stephan, ich und der „vierte unbekannte Mann“ unsere sieben Sachen. Mit dem vierten Mann hatten wir drei uns nicht anfreunden können, weil es ein gewisses Versteckspiel mit ihm gab. Er hätte dafür kommunizieren müssen, aber das wollte er so nicht. Deshalb nannten wir ihn „the fourth man“ und kicherten uns eins. Draußen an Deck sammelten sich alle und blickten auf die erste Felsformation, die noch mit Schnee gekrönt war. Zuhause bahnte sich gerade die erste fette Junihitze an und wir hatten uns nach und nach alles übergezogen, was wir so bei uns trugen.

Das Wappen von Island

Mein erster Wasserfall – im Fjord Seyðisfjörður

Wir bogen in den Fjord ein und alle um uns fotografierten ihre Speicherkarten voll mit immer dem gleichen Motiv:

**Island!**

Passt perfekt zu meiner Islandtour: Das Poison Taxin Alu-Gravelbike

## Der wilde Südosten

Wir sieben Radfahrer, die über die Landungsbrücke aus der Fähre rollten, wurden mit beifälligem Kopfnicken und anerkennendem Blick wie verwegene Recken begrüßt. Ich kannte die anderen vorher nicht und wir tauschten jetzt noch schnell die Namen aus, denn wir brauchten gegenseitigen Beistand, außer vielleicht Nico aus Argentinien. Der war schon seit Jahren in der Welt unterwegs und so sah er auch aus. Sein zusammengestückeltes Equipment hatte schon einiges gesehen und später wickelte er um das hintere Gepäck noch seine hellblaue Nationalflagge mit der Sonne. Statt zusammen loszufahren, setzte ich mich direkt nach vorne ab, während die anderen zunächst berieten und dann gemütlicher antraten.

Es waren nur 30 km bis Egilsstaðir, meiner ersten Station, aber dabei war der mit über 600 m höchste Pass zu bewältigen. Warum nicht erstmal losstrampeln und später pausieren? Schließlich hatten wir lange genug herumgefaulenzt. Nach

Nächste Seite: Postkartenmotiv im Fjord Seyðisfjörður

Einfahrt in den Hafen von Seyðisfjörður

nur einem Kilometer hatte ich schon meinen ersten Wasserfall von Nahem zu fotografieren. Es ging nicht anders. Ich fand sogar einen netten Wohnmobilisten, der sich mit der Kamera befreundete und mich fachgerecht fotografierte. Die anderen überholten mich dann zwar, aber auch die zum zweiten Mal aufkommende Idee, mit ihnen zusammenzubleiben, verwarf ich schnell. So sah ich sie dann von weiter oben den Anstieg hochkommen.

Die Atmosphäre in 600 m Höhe fühlte sich trotz Sonnenschein und wenig Wind an, wie ein Dreitausender in den Alpen. Klare, kalte Luft und meterhoher Schnee, der in türkisfarbene Seen abschmolz. Meine Radbrille färbte sich schwarz, aber war fast immer noch zu schwach, um das Licht erträglich zu machen. Es war der erste echte magische Moment. Überhaupt war es unfassbar, hier zu stehen, jeden kleinen Gipfel zu fotografieren, die Luft einzusaugen und zu begreifen: „Ja, ich bin in Island, mein Abenteuer hat unter besten Bedingungen begonnen!“

Seite gegenüber:
Hafen Seyðisfjörður

Bevor ich fror, fuhr ich weiter und hielt aber doch noch oft an. Rechts gab es eine Säule aus Stein und vor mir lag das Tal von Egilsstaðir, eingerahmt von etwa tausend Meter hohen Gebirgsketten. Meine Euphorie ließ nicht nach, denn nun stürzte ich mich runter ins Tal zu meinem ersten Etappenziel. Die Hänge waren gesäumt mit Milliarden von violetten Lupinen, ich hatte mit der frühen Saison eine gute Wahl getroffen!

Das Hostel erwartete mich zwar, aber im Café hatte ich noch viel Zeit, bis ich in das 10-Bett-Zimmer konnte. Sie hatten Kaffee, leckere Plätzchen und ein durch und durch cooles Ambiente. So fiel ich also sehr weich, an diesem ersten Reisetag. Alle Unterkünfte musste ich schon im Januar buchen, weil es wohl sonst nichts mehr gäbe, außer einer Wiese, auf der man ein Zelt errichten könnte.

Posing nach 1km Fahrt am Gufufoss (Fjarðara-Wasserfall)

Ich hatte Geburtstag und vertrieb mir die Zeit mit Spazierengehen in der Hauptstadt des Ostens. Sie hat etwa 2500 Einwohner, zwei Supermärkte, eine Tankstelle, natürlich einen

Flughafen und einen Vínbúðin. Das ist ein staatlich kontrollierter Alkoholladen. Denn so hell, froh und sommerlich ist es meistens nicht in Island. Da tröstet man sich wohl öfter mit erhellenden Getränken, als der Gesundheit zuträglich ist. Die

Steinsäule Brunavarda (Cairn on the Edge) über Egilsstaðir

Gehört ebenfalls noch zum Fjord von Seyðisfjörður: Wasserfall mit Moos.

Limitierung der Einkaufsmöglichkeiten führt laut Jaap zum Problem der Schwarzbrennerei – das kann man sich denken. Und außerdem hatten sie eine Herrenboutique, hier in Egilsstaðir. Wenn das mal nicht die Boutique ist, die Lottogewinner Erwin Lindemann einst mit dem Papst eröffnet hatte! Dass es alles zum Leben in Egilsstaðir gibt, hatte mich glauben lassen, es sei gar nicht so einsam im Osten Islands und man würde sicher nicht verhungern. Die Meinung und Einstellung

Unbelebte Hütte im Tal Fagridalur

änderte sich schon am zweiten Reisetag. Denn als ich auszog, um die erste „richtige“ Etappe zu fahren und auch noch den Ort Reyðarfjörður links liegen ließ, kam eben einfach nichts mehr.

Doch doch, es kam ganz viel Natur, grandiose Felsen links und rechts im Fragidalur, dann der Fjord Reyðarfjörður selbst und dann die Schotterstraße und vorn am Fjord auch ordentlich Wind und Nieselregen. Es kam das, was man von Island erwartet hatte in voller Pracht. Doch zu essen gab es nichts. Die Etappe war nur 82 km lang und ich hätte sie sogar noch um 15 km verkürzen können, wenn ich durch den Tunnel direkt von Reyðarfjörður nach Fáskrúðsfjörður gefahren wäre. Aber ich wollte nicht abkürzen, ich wollte den ganzen Fjord entlangfahren und im Spiel von Wind, Wasser und Wolken dabei sein. Als Zugabe waren da noch Wasserfälle, Schafherden und Pferde. Die Straßen vorn am Fjord waren deshalb geschottert, weil sich das Gebirge jeden Winter unter Sturm, Schnee, Eis und den Stößen aus dem Erdinneren so stark verändert. Es ergäbe überhaupt

Seite 22:
Direkt an der Ringstraße: Wasserfall im Fagridalur

Man kann nicht anders, als dauernd zu fotografieren:
Landschaft mit Gravelbike auf demWeg nach Reyðarfjörður.

Don't step on the moss!
(Silene acaulis: Stengelloses Leimkraut)

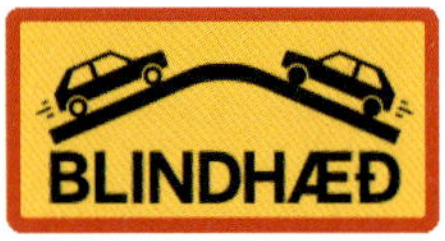

(Oanisierter Lauf)

keinen Sinn, zu asphaltieren oder zu betonieren. Von oben kommen Steinschlaglawinen herunter und von vorn kommen die Gewalten des Meeres. Die Erosion ist viel stärker als in unseren Bergen, weil das Klima, bzw. der Wechsel des Klimas von Winter auf Sommer zu Winter viel stärker ist als in unserem Mitteleuropa.

Hier machte ich auch die Bekanntschaft von drei ganz wichtigen Verkehrsschildern: Einbreið brú – einspurige Brücke. Wer zuerst kommt, darf drüber, aber man sollte sich nicht darauf verlassen, als Radfahrer zum vollwertigen Verkehrsteilnehmer erklärt zu werden. Blindhæð – unübersichtliche Kuppe. Dahinter kann alles sein, auch Unerwartetes. Malbik endar – Asphaltstraße endet (und Schotter beginnt). Kommen diese Schilder in Kombination vor, wird es vor allem für schnelle Autofahrer:innen kurz mal schwierig. Bei mir nicht, denn auf den Schotterstrecken blieb ich teils unter 10 km/h. Das war sogar langsamer als laufen!

An der Spitze des Reyðarfjörður war der Wind so heftig, dass ich möglichst genau in der Mitte zu fuhr, denn mal riss es mich zur einen, mal zur anderen Seite. An so einer Spitze kommt es auch oft zu umlaufenden Winden. In Kombination mit der Schotterstraße hieß das auch: Entweder es ist trocken, dann staubt es bei Wirbeln. Oder es ist nass, dann schleudert es den Schlamm in die Schaltung, die Kette und Bremsen. Der Grat zwischen dusty road und muddy road ist schmal.

An Fotografieren war nicht zu denken, auch nicht an Kochen. In Portugal im „Abenteuer Atlantik“ hatte ich jederzeit anhalten und zwei Galão mit zwei Kuchen vernaschen können. Hier aber wühlte ich aus den Tiefen meiner Lowrider eine uralte Packung Dextro Energen hervor. Ich hatte in einem Anfall von Unsicherheit, alle möglichen Reste meiner Marathonvergangenheit zusammengekratzt – für Notfälle. In derselben Tasche hatte ich eine kleine Gaskartusche, einen Titankocher und ein paar ältere Packungen der Trek'n Eat Hiking Nahrung dabei. Aber bei diesem Wind ging das alles nicht und ich ließ die Traubenzucker

Pferde auf der Weide am einsamen Reyðarfjörður

im Munde zergehen und trat in die Pedale. Hinter der Spitze ließ der Wind nach und wenn man nicht alle Komplikationen auf einmal hatte, war es eigentlich ganz passabel zu fahren.

Wie froh war ich, in Fáskrúðsfjörður anzukommen, einen geöffneten Supermarkt vorzufinden, in dem ich eine Tiefkühlpizza und zwei Dosen Lightbier bekam. Das Lightbier ist als einziges auch im normalen Laden erhältlich. Es schmeckt sehr gut, vor allem „VIKING", und ich gewöhnte mich schnell daran. Die Wirtin meiner Unterkunft erklärte sich bereit, mir die Pizzen in den Ofen zu schieben, die ich ohne Umstände wegatmete. Im Gemeinschaftsraum lachten sich zwei Mädels aus Südtirol scheckig und wir unterhielten uns noch ein bisschen. Dann war wirklich Ebbe bei mir. Ich war angekommen in meinem Abenteuer und würde von nun an jeden Tag noch ein paar Kilometer mehr auf der Uhr haben. Aber darüber machte ich mir nicht zu viele Sorgen. Immerhin blieb mir eine gewisse Demut vor den Strapazen erhalten und das ist sehr gut für einen öfter mal überschwänglichen Menschen wie mich.

Nächste Seite: Am Reyðarfjörður

Aus einem Fjord heraus und in den nächsten Fjord hinein mit der Frage: Woher weht der Wind?

80 Kilometer hier waren eben etwas anderes, als 80 km an der Mosel entlang. Auch am Atlantik war es strapaziös. Alles hat seinen Reiz. Stephan, der Kabinengenosse, schrieb mir, dass er mit dem Motorrad über den Norden nach Reykjavik unterwegs sei. Ich hätte ganz viel Glück mit meiner Südroute, denn er flöge bei dem Seitenwind fast von der Straße.

Eric war auch in meine Richtung unterwegs und hatte eine Woche mehr Zeit, mit dem Kleinwagen seine etwas ausgefeiltere Runde um Island zu drehen. Wir trafen uns an Tag drei wieder, als er mich mit einem Hupkonzert überholte. Es ist gut, jemanden in der Nähe zu wissen, weil das Wetter hier abrupt umschlagen kann.

Ich hatte dreieinhalb Fjorde bis nach Djúpivogur zu befahren und freute mich darauf. Zwar ging es ziemlich eng am Wasser entlang – etwas anderes blieb mir gar nicht übrig – und trotzdem kamen reichlich Höhenmeter zusammen. Denn auch die wichtigste Straße in Island, die Ringstraße Nummer 1, richtet sich nach der

Ich hatte ein Auge auf die Möwen geworfen und probierte das Teleobjektiv aus.

Landschaft, nicht umgekehrt. Die Gebirge und Steinformationen änderten immer wieder ihre Form, Farbe und Beschaffenheit. Manche sandeten ab, andere hinterließen riesige Schutthalden oder trotzten allem Unbill seit Millionen Jahren. Wenn man sich vorstellt, dass wir ja nur den harten Kern des aus dem Vulkan aufgestiegenen Magmas sehen und die Lavahülle verwittert und abgetragen ist, müssen diese Berge nach ihrer Entstehung noch viel größer und massiger gewesen sein.

Bevor ich richtig losfuhr, wollte ich im Café „Ísbúðin" an der Orkan-Tankstelle einen Kaffee und zwei Brötchen frühstücken. Wenn Vínbúðin die Weinbude ist, dann kann Ísbúðin ja nur die Eisbude sein. Aber leider – geschlossen. Der Laden öffnete wie die Tanke erst um 10 Uhr. Den Namen hatte die Tankstelle übrigens zurecht. Es zog und ich nahm mir vor, weniger empfindlich zu werden, dann hätte ich es leichter. Es wäre natürlich einfacher, wenn es etwas zu essen gäbe. Also machte ich mich auf den Weg, auf der gegenüberliegenden Seite des Fjords. Ich würde nun jedes Ufer zwei Mal sehen, von Nahem und von Weitem.

Es war alles andere als gewöhnlich, nach und nach die Fjorde entlang zu fahren: Bucht Breiðdalsvík.

In Stöðvarfjörður hoffte ich auf Kaffee. Aber leider wieder nichts. Es gab eine geöffnete Mineralienausstellung und vier Handarbeitsgeschäfte, aber nur ein Café und das war geschlossen. Ich ging in das größte Geschäft, den Salthússmarkaðurinn hinein. Die Knochen knackten leise, weil ich steif vor Kälte war. Hier war eine ganze Halle voller Wolle, Wachs und was man sonst noch so aus der Natur machen kann. Brindis und Sarah hatten den Dienst an diesem Samstag übernommen und ich fragte mit hängenden Schultern, warum es eigentlich nichts zu essen gibt in Stöðvarfjörður. Sie meinten, dass es sich nicht lohne. Ja gut, das verstand ich. Aber warum lohnen sich dann vier Handarbeitsgeschäfte? Gedacht hatte ich mir einen Spruch, frei nach der sogenannten Weissagung der Cree: „Erst wenn die letzte Wolle gestrickt ist, der letzte Stein präpariert ist, werdet ihr merken, dass man davon nicht satt wird“. Die beiden Frauen merkten, in welcher Lage ich wirklich war: Durchgefroren, nass vom Regen und ohne jede Kalorienzufuhr. Und sie erwärmten sich für mich: In einer Ecke kochten sie nicht nur ihren eigenen Kaffee, nein auch für mich. Ich konnte auch kochendes Wasser auf meine

Ich konnte an diesen Pferden nicht einfach vorbei fahren.

Trekkingnahrung gießen. Die hatte ich vor 6 Jahren für das „Abenteuer Baltikum" gekauft und die Reste vor vier Jahren durch Aserbaidschan, Georgien und die Ukraine geschleppt. Die vier Tüten waren wie die alten Dextros eine Sicherheitsmaßnahme und siehe da – nicht zu Unrecht! Die Damen empfahlen mir „Eat something, sit down and relax a bit" und das tat gut. Ich blätterte nebenbei in der Zeitschrift der Verbandsgemeinde Fjarðabyggð und wurde warm. Sie verkauften mir als einziges verfügbares Nahrungsmittel eine Art Spritzgebäck; davon nahm ich gleich zwei Tüten. Denn nun war ich sensibilisiert für Nahrungsmangel. Sie schmeckten fad und waren auch schon einige Tage alt. Ich würde sie nicht wegwerfen unter anderem auch deshalb, weil die Tüten 13 € gekostet hatten!

Gestärkt und getrocknet widmete ich mich wieder der ausdauernden Bewegung auf dem Poison Taxin Gravelrad, das mir bisher gute Dienste leistete. Die Tour drei bis Djúpivogur sollte nicht viel länger sein als tags zuvor. Aber ich hatte mich bei der Planung irgendwie verrechnet und als ich bei viel Gegenwind in

Exotisch, ungewöhnlich und also wieder mal ganz anders als alle anderen Berge: Das Teigarhorn am Berufjörður.

den letzten großen Fjord eintauchte, realisierte ich 17 km zusätzlich. Nun war mal wieder Beharrlichkeit gefragt mit gleichmäßigem Treten, aufblicken zu den grandiosen Bergketten und links und rechts die Pferde, die Schafe und die Wasserfälle genießen. Nochmal warf ich zwei Dextro für die letzten 20 km ein und fuhr immer weiter.

Djúpivogur war endlich mal ein Dorf, an dem es eine Tankstelle mit Supermarkt gab. Es ist überdies ein beinahe pittoresk zu nennender Ort. Holzhäuschen reihten sich an dem kleinen Hafen entlang und mein traditionell aussehendes Hotel war auch dabei. Bevor ich mich dort meldete, aß ich erstmal etwas, denn das Café schloss um diese Zeit. Mein Zimmer war ein großes Fass aus Holz mit gerade mal Bett, Stuhl und Tisch. Die Abendsonne schien und nach einer warmen Dusche im Container saß ich noch ein bisschen vor meiner Herberge, bis es kalt wurde. Wie schön die Welt doch war und wie wenig man brauchte, um froh zu sein. Und die Einheimischen spielten auch mit: An der Tanke sah ich einen Polizisten und klärte ihn auf, dass Men-

Es war schon fast eine Stadt mit Café, Tankstelle, Supermarkt, Hotel und Yachthafen: Djúpivogur.

Das musste sein – Polizist mit Kultstatus

Wasserfall am Berufjörður – Noch sehe ich mich nicht in der Lage, ein Foto auszulassen.

schen wie er bei uns einen Kultstatus haben wie die Kollegen des NYPD. Ich wollte ein Selfie mit ihm und er ließ es über sich ergehen. Die Polizei, dein Freund und Helfer, wird für Kriminalfilme gebraucht, aber selten für echte Verbrechen. Was wir in den geliebten Island-Krimis wie der Kultserie „Trapped in Iceland“ sehen, spielt sich höchst selten wirklich ab. Diese Serie hatte mal wieder ambivalente Gefühle für Island ausgelöst.

Dafür hatte ich das Teleobjektiv dabei: Rentiere am Hamarsfjörður

Nach Höfn hatte ich mit gut 100 km wieder dieselbe Distanz vor mir und wieder ein paar Fjorde in Richtung Süden: Hamarsfjörður, Álftafjörður (Schwanenfjord), Lónsfjörður, Papafjörður und Skarðsfjörður. Natürlich hatte ich mir nicht alle Fjorde merken können, aber ich will hier die Vielzahl und die Vielfalt der Landschaft verdeutlichen. Denn jeder Tourabschnitt war anders. Die Sonne schien herrlich und es gab wieder neue Motive für meine Kamera: Bergketten, Wasserfälle und sogar Rentiere! Ich war nach ausgiebigem Fotografieren von Bergen gerade aufgestiegen und hatte beschlossen, nun mal ein gutes Stück zu fahren, ohne zu fotografieren, da standen drei Fahrzeuge mit fünf Personen in einer kleinen Haltebucht. Ich fragte sie, was es denn hier gäbe und sie wiesen mich auf die Rentiere hin. OK, die konnte ich mir nicht entgehen lassen. Vor 300 Jahren wurden ein paar Tiere aus Skandinavien überführt, deren Nachfahren heutzutage eine stabile Population bilden. Wenn ich erstmal im Süden und Westen Islands war, würde ich sie nicht zu sehen bekommen. Leider trampelte ein unbedarfter Zeitgenosse querfeldein über das Moos in Richtung der Rentiere und ich musste schnell sein, um sie noch

Beinahe Stilleben: Raue Schönheit des Barkináfoss

ablichten zu können. Ich rannte noch einmal zurück, um das Teleobjektiv aus den Tiefen des Gepäcks zu fördern. Denn genau für diesen Fall hatte ich es eingepackt. In letzter Sekunde machte ich Fotos mit verschiedenen Belichtungen und Verschlusszeiten bei maximalem Zoom, bevor die Tiere endgültig flüchteten. Das Verhalten des Touristen ist nicht nur wegen meiner Bilder zu verurteilen. Vor allem das Wandern abseits der Wege über das Moos ist streng verboten. Anders als bei uns braucht es viele Jahre, um sich von Stiefeltritten zu erholen. Ich selbst hatte am zweiten Tag ein paar Schritte neben der Straße mein Rad in der Landschaft in Szene gesetzt und bin für ein Bild in Facebook kritisiert worden – zu Recht. Dann hatte ich es verstanden.

In Stafafell, in einer tief eingeschnittenen Bucht, kam ich vom kühlen Gegenwind in ein warmes Gebiet. Die Berge erhoben sich gelblich in der Sonne und wurden von mir durch ein kilometerweites Lupinenfeld getrennt. Das Bild war eine einzige Augenweide. Die Lupinen begleiteten mich seit dem Tal von Egilsstaðir und bis zum Ende meiner Reise. Hier in Stafafell

Der klasssische Dreier: Zwei Lämmer mit Muttertier in ungewöhnlicher Kombinationation waren ausnahmsweise zutraulich statt scheu.

aber standen sie in voller Pracht. Kurz vor dem Fluss Jökulsá í Lóni kamen mir Bob und Tom aus Maryland entgegen, die ich in schneller Fahrt nur kurz grüßen konnte. In der Nähe das Flusses war es richtig warm und als ich dann noch Radfreunde von der Fähre wiedertraf, konnte ich nicht anders, als eine schöne, lange Pause zu machen: Nico aus Argentinien und je ein Mädel aus Bayern und der Schweiz lagen vor mir, aber brauchten ebenfalls eine Pause. Wann hat man schon mal so warmes Wetter in Island. Wir freuten uns des Wiedersehens und sprachen kurz über die beiden Amerikaner. Besonders fielen mir an den alten Fahrrädern sperrige, gelbe Plastikboxen links und rechts auf. Bob und Tom sind über siebzig und waren mit dem Rad schon auf der ganzen Welt unterwegs. Was für Verrückte!

Die anderen fuhren weiter, ich kochte mir ‚Uncle Ben's Risi Bisi', das ich in Deutschland im Sonderangebot in einem Discounter gekauft hatte. Es sättigte, aber schmeckte nach nichts. Ich konnte jetzt nicht wählerisch sein. Wie sehr ich die Kalorien brauchte, erlebte ich am Ausgang der Stafafell-Bucht:

Nächste Seite: Lupinenmeer Nootka Lupine (Lupinus nootkatensis) am Stafafell

Die Ringstraße schmiegt sich an den Berg unterhalb des Krossanesfjall

Nistplätze der Möwen hoch über dem Atlantik

Jede Menge Schotter an der Bucht Papafjörður

Es ging kurz ans Meer zurück und die Route drehte sich langsam aber stetig nach Westen in den Wind. Dann ging es nur noch aufwärts zwischen zwei Bergketten, denn die Küste war zu zerklüftet, um eine Straße bauen zu können. Das Tal wirkte wie ein Windkanal und zusammen mit der Steigung zehrte die Strecke an meinen Reserven. Ich wollte und ich konnte durchziehen, wenn ich es nicht zu weit trieb. Ich war allein und überhaupt, ich musste niemandem etwas beweisen. So stieg ich zwischendurch ab und lief 500 Meter. Das tat mir gut, bevor ich verkrampfte. Oben ging es durch einen Tunnel wieder bergab Richtung Meer. Es war eiskalt da drin, aber ich stieß jede Menge Glückshormone aus. Ich liebe Tunnel!

Nach zehn Kilometern war ich kurz vor Höfn. Die Abendsonne leckte über den nächsten Fjord, den Hornafjörður. Er wird vom Fluss Hornafjarðarfljót gespeist, der sein Wasser von einer östlichen Gletscherzunge des Vatnajökull bezieht. Auf diesen östlichsten, den Hoffellsjökull sah ich bei der Einfahrt nach Höfn. Die Pferde standen auf der Weide und ich holte nochmals die Kamera raus, um sie

James aus dem fernen Amerika

Almannaskarðsgöng

Pferde auf der Weide bei Höfn. Im Hintergrund der Gletscher

festzuhalten. Es war eine friedliche, anheimelnde Stimmung mit den Pferden auf der Weide und dem größten Gletscher Islands am Horizont, dem Vatnajökull, den ich bald erreichen würde.

Im Hostel ging es hoch her. Offenbar kam ich allmählich in belebtere Tourismusgebiete. Menschen von allen Kontinenten sprachen und kochten durcheinander. Jugendliche Skandinavier machten aufwändige vegane Wraps, ein indischer Familienvater kochte Dal, zwei Paare aus China bereiteten den Tisch auf eine Reismahlzeit vor, deren Menge ich mühelos allein gegessen hätte. Ich hatte in derselben Zeit geduscht, gekocht und die zwei Pizzen gegessen, die ich im Supermarkt kurz vor Ladenschluss geholt hatte. Franzosen aßen mitgebrachtes Fastfood – aber natürlich mit Rotwein, klar. Eine ungewohnte Welt, aber interessant.

Am Morgen fotografierte ich nochmal die Pferde auf der Weide und experimentierte mit dem Teleobjektiv, um die Gletscher prägnanter auf dem Bild zu haben. Aber es half nichts. Ich wollte sowieso näher ran und würde heute den Vatnajökull von drei

Mit Vorfreude fuhr ich von Osten auf den Vatnajökull zu.

Seiten sehen. Es ist nicht leicht, nicht dauernd zum Fotografieren anzuhalten, wenn man auf so ein Massiv zu fährt. Der über 8000 Quadratkilometer große Plateaugletscher bedeckt zwei der aktivsten Vulkane Islands. So schmilzt er also nicht nur durch den Klimawandel, sondern mitunter auch durch die Hitze von unten. Die bis zu 1000 Meter dicke Eiskappe wiegt so schwer, dass sich Island durch das leichte Abschmelzen anhebt. Ich war mal auf dem Großglockner, aber die Anblicke sind hier für mich viel imposanter.

Bevor ich vom Osten über den Süden ganz dicht herankam, lenkte mich ein Hund ab. Wer meine Hundegeschichte aus dem „Abenteuer Transkaukasien" kennt, weiß, woran ich jetzt dachte: An wilde Hunde, die in der Steppe Aserbaidschans auf eine günstige Gelegenheit gewartet hatten, mich zu fressen. Aber dieser hier war nicht so. Er überholte mich und rannte nebenher. Ich rief ihn, er blickte mich an und rannte. Das ließ ich mir eine Weile gefallen, aber nach 5 Kilometern erkannte ich: „Da stimmt etwas nicht!" Zwar hatte er bei zwei Gehöften

Dieser Hütehund träumte wie ich von der Freiheit und nahm Reißaus!

kurz verlangsamt, als gehöre er womöglich dort hin, rannte aber dann weiter. Er kreuzte die Straße und ich warnte Autofahrer, wegen ihm langsamer zu sein. Dann kam eine Einbreið brú und ich mahnte den Hund, zu warten, bis der Gegenverkehr vorüber war. Er hörte auf mich, lief aber dann weiter schnell voran bis zu einem Wohnmobil, wo er freudig wedelnd ankam. Ah, zu denen gehörte er!

Nein, auch Verena, Gioaccomo und Matteo vom Lago Maggiore kannten ihn nicht. Sie waren total hundeverrückt und sehnten sich deshalb nach Hause. Der Hund schnürte um sie herum und Verena redete ihm gut zu. Ich erklärte die Situation auf Englisch, aber nur Sohn Matteo verstand mich. Die Frau nahm ihr Halstuch und knotete es kurzerhand am Halsband fest, damit er nicht ausbüxte. Sie wussten von einem System der Hundemarken, das aus Italien stammt und tatsächlich, neben einer Telefonnummer stand ‚Made in Italy'. Matteo erreichte im dritten Anlauf den Besitzer, einen knorrigen Farmer, der in seinem Pickup nur das Fenster runterließ, mit einem Knopfdruck die Klappe hinten öffnete

Die friedlich grasenden Schafe wissen nichts von ihrer spektakulären Heimat, sie fressen einfach.

und erwartete, dass unser neuer Freund da draufsprang. Aber der hatte wenig Lust. Sein Sohn stieg aus und redete auf den Hund ein, der sich seinem Schicksal ergab. Tja, andernfalls wäre es mir vielleicht wie Jonas Deichmann ergangen, einem Teufelskerl, der mit seinem hundertfachen Ironman die Welt umrundet hat. Beim Lauf quer durch Mexiko hatte er einen herrenlosen Hund aufgegabelt, der ihm gefolgt war. Er versorgte ihn und wurde dann landesweit berühmt. Immer mehr Läufer:innen schlossen sich ihm auf Tagesetappen an und durch sie und die Hundebegleitung war Jonas dann Platz eins in der wichtigsten Nachrichtensendung des Landes. Oder die Italiener hätten nun statt fünf eben sechs Hunde. Machts gut, ihr Lieben, ciao amigos!

Am Horizont sah ich nicht nur links den Nordatlantik und rechts den Südausläufer des Vatnajökull, den Breiðamerkurjökull. Ich sah auch eine glitzernde Schlange auf der Ringstraße. Zwar waren hier deutlich mehr Fahrzeuge unterwegs, aber ein Stau wäre jetzt echt übertrieben. Es war der Parkplatz an der

Diese Berge bilden den Rand der 'Gletscherschüssel'.

Gletscherlagune Jökulsárlón. Hunderte Touristen kommen eben mit dem Auto hierher und sehen sich das Schauspiel des treibenden Eises auf dem See und seinen kurzen Weg zum Meer an. Die Eisberge schillern in allen Farben zwischen Weiß, Blau und Silbergrau. Ich hatte das Privileg, nicht auf den großen Parkplatz zu müssen und vermied auch den Auflauf von Menschen an den Ausschankbuden am Ufer. Ich fuhr über die Hängebrücke des kurzen Jökulsá Flusses und stellte mein Rad auf dem ansonsten gesperrten Parkplatz auf dieser Seite ab. So hatte ich das Ufer für mich und ging für ein paar Fotos vorsichtig daran entlang. Das ist eine grandiose Kulisse, vor der auch schon zahlreiche Helden wie James Bond, Tomb Raider und Batman gefilmt wurden.

Ein Stück weiter war der Vatnajökull so dicht dran, dass ich mit meiner Selbstauslösermethode ein Titelbild für dieses Buch versuchen wollte. Ich stellte das Rad in den Schotter und mich davor oder dahinter. Es war keine Holzlatte in der Nähe und so versuchte ich, die Pedale günstig auf die Steine zu stellen. Die

Nächste Seite: Gletscher-Lagune Jökulsárlón

Fruchtbare Wiesen unterhalb des Gletschers am Breiðabólsstaðalón

Idee, mich fahrend mit Selbstauslöser zu knipsen, verwarf ich, denn für das Cover des „Abenteuer Atlantik“ hatte ich auf diese Weise meine Beine und das Rad zerschrammt. Weil auslösen, loslaufen, aufspringen, fahren und in die Kamera lächeln, die dann auslöst, war damals ziemlich strapaziös gewesen.

Ich machte zwei Selfies zur Probe und dann fiel das Rad durch einen Luftzug um. Bevor ich mich ärgern konnte, rief eine glockenklare Stimme auf Deutsch: „Guido, da bist Du ja! Ich bin Anna!“ Träumte ich? Es war wirklich Anna, die sich vor zwei Tagen unvermittelt gemeldet hatte. Sie sei eine Freundin von Tim und er hatte sie instruiert, dass ich auf Island war. Er meinte, dass es eine super Idee sei, wenn wir uns träfen. Wir kannten uns also nicht, brauchten aber auch nur dreieinhalb Sekunden, um das zu ändern. Sie war mit ihrer Mutter hier unterwegs und kam wie gerufen. Wir sprachen kurz, auf welche Weise wir mit Tim verbunden waren. Ich nutzte die Gelegenheit, die ich am Atlantik nämlich nicht hatte und spannte sie ein, mich in allen Posen für das Cover zu fotografieren. Sie gab alles, machte ihre Sache sehr

Seite 52: Der Gletscher Vatnajökull in Großaufnahme

Gletschereis schwimmt im Jökulsárlón auf dem Weg zum Meer

Hier entstand das Coverfoto – an der Ringstraße am Vatnajökull.

Vatnajökull von Südosten, der Gletscher liegt wie in einer Schüssel im Gebirge.

gut, schoss aus allen Positionen, während sich ihr Haar im Wind nicht bändigen ließ und hatte immer neue Ideen, was man ausprobieren könnte. Tja, so muss es sein, solche Freunde braucht man. Danke, liebe Anna!

Wir machten noch ein paar Erinnerungsfotos an diesen Moment und dann fuhren die beiden weiter bis nach Kirkjubæjarklaustur zu ihrer Unterkunft. Alle in Island nennen es nur Klaustur, also Kloster, denn selbst Einheimische haben keine Lust, das auszusprechen. Ich trat fleißig in die Pedale, um meine große Etappe von 135 km zu schaffen. Und dann hielt ich nach kurzer Fahrt doch schon wieder. Nicht nur, dass ich den Gletscher dauernd fotografierte, ich traf auch James aus North Carolina. Er war mit seinem alten Tourenrad im Flieger nach Reykjavik gekommen, wie die meisten Touristen. Nun kam er auf der Südroute bei mir an – entgegen, dem Uhrzeigersinn. Wir klopften uns wie alte Bekannte auf die Schulter und hofften, uns ein paar Tage später im Norden erneut zu treffen, auch wie die meisten anderen.

Wie immer etwas misstrauisch – Schafe in der Sommerfrische

Im Westen des Vatnajökull lag meine Unterkunft in Svínafell. Der Vermieter eines Campingplatzes verfügte auch über ein festes Haus, in dem ich schlafen wollte. Er machte das nur stellvertretend für seine Frau. Leider fand er meine Reservierung nicht und es war nicht klar, ob es am Computer, an ihm oder an meiner Buchung per eMail lag. Dann stellte ich die erlösende, sehr einfache Frage: „Mal abgesehen von der Reservierung, haben Sie denn ein Zimmer für mich?“ „Ja, auf jeden Fall,“ sagte er. Die Welt kann so einfach sein. Das Haus mit seinem blauen Wellblechdach, einem massiven Schuppen und Wasserfall dahinter, war absolut typisch isländisch. Die einfachen Fenster hatten diese lustigen Beschläge, um bei Wind und Wetter trotzdem lüften zu können. Das kleine Zimmer war perfekt in seiner Schlichtheit. Es gab eine Küche wie bei Pippi Langstrumpf und einen kargen Aufenthaltsraum. Letztendlich blieb ich dann doch allein im Haus, machte mir etwas zu essen und blickte auf die Weide mit den vielen Pferden in Freiheit, den Lupinenfeldern und die Gletscher im Hintergrund. Was bitte kann schöner sein?

Sieht ein bisschen aus, wie bei Luis Trenker: Westseite des Vatnajökull

Noch vor dem Frühstück war ich vor die Tür getreten, um mir zu bestätigen, dass ich die Idylle nicht nur geträumt hatte. Ich war nicht der Einzige, der die Magie des Ortes empfand: Der Svínafellsjökull Gletscher war unter anderem auch Drehort für den dystopischen Film „Interstellar“, in dem die Hauptfiguren auf der Suche nach einem anderen Wohnort für die Menschen sind. Bis heute kann ich den Film nicht vergessen, vor allem wegen der Filmmusik von Hans Zimmer. Es war die aufwändigste Musik, die er je produziert hat. Man merkt also an diesem Exkurs, wie sehr einen Island faszinieren kann, wie anders als bei uns es dort aussieht, wie nachhaltig beeindruckend die Landschaft und die Natur sind.

Im Hier und Jetzt hatte ich 150 km nach Vík, dem südlichsten Zipfel Islands, zu fahren. An den Ausläufern des größten isländischen Gletschers im Skaftafell passierte ich zahlreiche Flussläufe, die sich mit Lupinenfeldern abwechselten. Von weitem erkannte man eine dicke, schwarze Eiskante, an der das Massiv abschmolz. Mir kam Florian aus der Nähe von Wien entgegen,

Massiver Schafstall – die Tiere ahnen mal wieder nichts von der Kulisse, in der sie stehen.

der ganz besonders professionell ausgerüstet war. Er sei vorvorgestern in Reykjavik gestartet und hätte sich aber einen Umweg über Schotterpisten geleistet. Nun wolle er vorerst auf der Ringstraße bleiben und in zwei Wochen wieder am Flughafen sein. OK, man soll sich körperlich nicht mit Menschen messen, die nur halb so alt sind. Aber Respekt, den kann man und den soll man haben vor so einem Sportsmann! Wie anders war da Justin aus Texas. An sein zusammengestoppeltes Dreigangrad hatte er ein paar Taschen geknotet und vorn das Wichtigste – eine große Soundbox, die mit dem Handy gekoppelt war. Er liebe Musik, sagte er und so ginge es leichter. Zweitwichtigstes Utensil war seine Gitarre (!), die er irgendwie auch da hinten draufgebunden hatte. Mit Basecap und Schlamperpulli gondelte er mir entgegen. Einige Tage später hatte er nach viel Regen und Wind trotzdem ein Bild in den ersten Sonnenstrahlen gepostet – liegend mit seiner Gitarre am Strand. Wir folgten uns wie viele andere auf Instagram und beinahe hätte ich auch ihn im Norden nochmal getroffen. Hauptsache, man hat Sonne im Herzen.

Nächste Seite: Svínafellsjökull

Der westliche Ausläufer des Vatnajökull – ich versuchte, die schwarze Abtaukante zu fotografieren.

Bis nach Kirkjubæjarklaustur kam ich an massigen Vulkanfelsen vorbei, die schon zu den Ausläufern des Katla Nationalparks gehörten. Wenn man bedenkt, dass man nur den harten Basaltkern eines Vulkans sieht, der vom Schutt des abplatzenden, weicheren Gesteins umgeben ist, wie groß muss dann sein Umfang kurz nach der Entstehung des Vulkans gewesen sein. Die Formen und Farben wechselten immer wieder und ließen meine Kamera nicht ruhen. So kam es immer zu langen Tourtagen, denn es bot sich kein Motiv ein zweites Mal. Aus einer rot gefärbten Felswand rann ein kleiner Wasserfall, der dann durch die Ebene in tausend kleinen Stromschnellen mäanderte. Wieder ein Fotomotiv, dem ich nicht widerstehen wollte.

Ich konnte mir inzwischen leisten, auch mal eine Gelegenheit zur Nahrungsaufnahme auszulassen, denn Richtung Westen wurde es immer belebter. Das hätte ich dann doch nicht wagen sollen, denn ich streifte Klaustur nur mit einem Kaffee an der Tanke. Danach kam nichts mehr, nur der Wind stramm von vorn rechts. Es war flach, karg, ohne schützende Bergketten und nicht

Lómagnúpur – man sieht nur den harten Kern des Vulkans.

mal überholende Autos „zogen“ mich mit ihrem Windzug. Es war wieder Beharrlichkeit gefragt auf einer langen Geraden. An einem kubistischen Gebäude des Nationalparks gab es einen kleinen Wasserhahn und eine Ausruhbank mit Windschutz, ansonsten war es verschlossen. Immerhin diese Gelegenheit nutzte ich, aß einen Riegel, eine Banane und genoss die Sonne. Die Fahrt war lang, aber es wurde nicht dunkel, soviel stand fest. In solchen Passagen darf man sich nicht überbelasten oder die Nerven verlieren. Das ist schon echter Ausdauersport.

Als die Straße in einer Biegung endlich etwas Abwechslung bot, merkte ich, dass ich ein gutes Tempo geradelt war: Ich kam vorwärts, aber übertrieb es nicht. Eine lang gezogene Felswand könnte vielleicht etwas Windschutz bieten, aber so war es nicht. Nach Vík war es eben einfach weit und als ich drei Schweizer Jungs traf, die nach 70 km schon nicht mehr konnten, da wusste ich: Ich bin stark genug. Der Mýrdalsjökull kam in Sichtweite und es gab wieder etwas zu sehen. Gut, dass ich da noch nicht wusste, dass meine Unterkunft nicht in Vík, sondern steil den Berg hinauf dahinter lag. Das war

Seite 63:
Die Wasserfälle überbieten sich in ihrer Schönheit:
Der Fossálar Waterfall ist schmal aber hoch.

Lupinen nutzen die Sommerfrische und verbreiten isländische Farben.

Im Katla Geopark fließen die Gletschergewässer ab.

Oben: Abfluss des Mýrdalsjökull

Rechts: Fossálar Fluss

Unten: Abendidylle nach 150 km östlich von Vík

der Peak des Tages, den ich erst 21.25 Uhr bezwungen hatte. Mich konnte nicht mehr viel umhauen, dachte ich. Es war eine gute Strategie gewesen, über 80, 90, 100, 130 auf notfalls 150 km zu steigern, statt mit Gewalt zu Beginn Rekorde zu sammeln. Das hier war eine Abenteuerreise, die herausfordernd, aber machbar war und vor allem glücklich machen sollte. Ziel erreicht! Man kann nicht alles haben und so musste ich den tollen und vielfach empfohlenen Strand von Vík ungesehen zurücklassen. Ansonsten hatte ich gesehen, was den Südosten von Island so spektakulär macht.

Mit Kay und Jane aus Hongkong am Skógafoss

## Der belebte Südwesten

Trübes Wetter ist nicht immer schlecht. Wo viele Wolken sind, ist wenig Wind. Eine einfache Beobachtung, die oft zutrifft – vor allem am Meer. Von nun an ging es wieder nach Norden und die Kilometerangaben für Reykjavik schmolzen dahin. Die Besichtigung von Wasserfällen war jetzt eine kollektive Freude und auf den Parkplätzen davor wurden Gebühren kassiert. Es gab unterwegs Kaffee und Kuchen, aber weiterhin auch spektakuläre Natur: Der Mýrdalsjökull hat eine kleine Nachbarin, den Eyjafjallajökull. Beide Gletscher liegen in je einem Krater aktiver Vulkane. Die verschiedenen Ausflüsse hinunter zum Meer sind stark abhängig von der vulkanischen Aktivität. Ich habe gelesen, dass Wissenschaftler über die Zusammensetzung der Mineralien im Wasser Rückschlüsse ziehen auf das, was darin vor sich geht. Es kann jederzeit zu flutartigem Anschwellen kommen, wenn größere Eismassen auf einmal abtauen. Unglaublich, wie dünn und verletzlich hier die Erdkruste ist. Das hatte den Bau der Ringstraße nicht einfacher gemacht, denn früher war die Que-

DURNER
AmpelPublish
POISON

Vorher gehende Seite: Ergebnis der Fotosession mit Kay und Jane: Portrait mit Gravelbike am Skógafoss

rung der Ausflüsse ein heikles Unterfangen. All das spielt nur eine kleine Rolle, wenn sich die Menschen dem überwältigenden Anblick des Skógafoss hingeben. Der Parkplatz war voll und ich hatte es schon beinahe aufgegeben, ein gutes Foto mit meinem Poison Gravelbike und dem Wasserfall zu machen. Aber Kay und Jane aus Hongkong hatten gleich mehrere Kameras um den Hals und boten sich an, mich abzulichten. Sie waren bester Laune und gaben alles, was möglich war.

Solch gewaltige Wassermassen hatte ich noch nicht gesehen und ich hatte noch nie gespürt, wie geduscht man nur von feuchtem Nebel sein kann. Ich würde nicht alle Sehenswürdigkeiten und eben nicht alle größten oder bedeutendsten Wasserfälle in Island besuchen können. Das wäre nicht möglich. Den Skógafoss erlebte ich, weil er an der Route One, der Ringstraße Nummer 1 – dem Hringevur lag. In der muggeligen Atmosphäre des Cafés trocknete ich mich etwas, ließ mir den ersten leckeren Kaffee nach 10 Tagen Plörre schmecken und zog dann weiter.

An den Hängen des über 600 m hohen Holtsnúpur weideten die Schafe und es gab eine amüsante – sagen wir unorthodoxe – Kunstinstallation mit Dessous. Was genau dahinter steckt, habe ich nicht herausbekommen, aber es waren bestimmt 200 Kleidungsstücke, die da am Zaun flatterten. Ich musste kurz lachen, als ich mir diese Kette bei uns im katholischen Hunsrückdorf vorstellte.

Hier in der Gegend gab es sogar Rinderhaltung im kleineren Ausmaß. Ich hatte mich nämlich schon gefragt, woher Milch, Kakao, Skyr, Käse und Butter kommen mögen. Ich kaufte übrigens jeden Tag 2–3 kleinere Tetrapacks Trinkskyr, um eine richtige Mahlzeit bis zum Abend hinauszuzögern. Die Packungen konnte ich in einem Schlauch oberhalb des Rahmenrohres oder hinten auf der Gepäcktasche deponieren. So musste ich nicht das eigentliche Gepäck aufschnüren. Ich hatte nun auch endlich das Plundergebäck von Brindis aus Stöðvarfjörður aufgegessen – diese wirkliche Dauerbackware.

Seite gegenüber: Unorthodoxe Installation mit Damenunterwäsche – sie lenkte etwas von der Natur ab.

Der Seljalandsfoss Wasserfall kommt in zarten Fäden den Berg herunter.

Der Holtsnúpur ist am Fuß des Eyjafjallajökull, dem durch seinen Ausbruch 2010 berühmt gewordenen, eigentlich kleineren Vulkan, unter dem gleichnamigen Gletscher. Immer wieder hören und lesen wir von Vulkanausbrüchen in Island, aber können die Bedeutung und Größe der Ereignisse nicht einordnen. Auch letzte Flugpassagiere nahmen damals davon Notiz, weil der Durchzug der Aschewolken große Teile des Luftverkehrs lahmlegte. Ich wollte zu der Zeit nach Mailand, um einen Kunden von der Vertragskündigung abzuhalten. Meine Kollegen sagten, da könne man halt nichts machen und müsse in ein paar Wochen fliegen. Ich aber checkte den überbuchten Bahnverkehr und machte mich dann mit dem Auto auf nach Mailand. So hatte ich immer meinen Job begriffen und schon immer hatte ich damit Erfolg.

Mir kamen Garance und Othello aus Paris entgegen, die ich fotografierte und die brennend an diesem Schnappschuss interessiert waren. Sie fuhren seit drei Tagen und brachten schlechtes Wetter vom Westen mit. Sie froren, weil sie langsam fuhren. Und sie

Foto von der Brücke über den Fluss Ölfusá in Selfoss.

waren, wie ich, beseelt von der Landschaft, der Natur und den Menschen. Sie wussten da noch nicht, wie spektakulärer, wie einsam die Gegenden im Osten sind und ich freute mich mit ihnen darauf. Für mich ging es weiter mit Rückenwind. Es war wohltuend, als er sogar noch auffrischte. Die Regenfront zog nach Osten und die immer weiter entfernen Bergketten lagen im hellen Sonnenlicht, das flach unter den Wolken hindurch fiel. Als dann noch Pferde auf der Weide direkt an der Straße standen, musste ich doch anhalten. Ich sprach mit ihnen, streichelte sie und versank für ein paar Minuten in dieser friedlichen Stimmung. Das ist einer der tiefen Eindrücke von Island, die mir immer bleiben werden: Anheimelnde Stimmung und anmutige Natur, Wolkenspiele mit Wind und Sonne und der Frage an die Menschheit: „Warum können wir nicht einfach in Frieden zusammenleben?“

Als ich wieder auf dem Rad saß, hupte mich Eric von hinten an. Es war bestimmt das fünfte Mal in sieben Tagen, dass er mich überholte. Seit unserem Kennenlernen als Kabinenge-

Die Fantasie wird herausgefordert bei dem Anblick der unterschiedlichsten Formationen im Hveragerði Park.

nossen auf der Fähre war das vorauszusehen, denn er nahm sich für Island vier Wochen, um einen Plan von Highlights mit seinem Kleinwagen abzufahren. Da war ich mit meinen drei Wochen oft in derselben Region. Anfangs hatte mich sein energisches Hupen noch erschreckt und wir sprachen immer etwas an der Autotür. Inzwischen erkannte ich das Geräusch des Autos, bevor er es machte. Er winkte diesmal nur und fuhr durch. Wir hatten unsere Nummern ausgetauscht und wenn einer von uns ernsthaft in Bedrängnis käme, würden wir uns anrufen. Auch Stephan mit dem Motorrad könnte ich kontaktieren, der war aber oben in den Westfjorden. Man ist hier draußen eine Gemeinschaft und offenbar sind auf sich gestellt wohl nur Menschen unterwegs, die auch zur Hilfe bereit sind.

Auf den Folgeseiten: Impressionen von der Natur im Hveragerði Park während der Wanderung mit Jaap

Dazu zählt auch Jaap. Als ich im Hostel in Selfoss meine Klamotten trocknete und einen großen Topf mit Ricotta gefüllte Tortelloni gegessen hatte, rief er wieder an. Er machte mir den vierten Vorschlag, was wir in Reykjavik unternehmen könnten,

Im Hveragerði Park zeigt sich die dünne Erdkruste und damit die nutzbare Geothermie entlang der Kanten der Kontinentalplatten.

denn da wohnte er. Seine Beharrlichkeit kannte ich eigentlich nur von mir selbst, denn egal was er vorschlug, ich wollte am liebsten nur die Hauptstadt besichtigen. Er aber machte dann noch einen Vorschlag. Ich kann mich dafür nur bedanken, denn sonst wäre mir ein entscheidendes Abenteuer entgangen. Er schlug vor, sich in Hveragerði zu treffen, nur 30 km entfernt von Selfoss. Dort würden wir mein Rad in seinen Camper laden und ein Stück ins Landesinnere fahren. Er kannte sich überall aus und wenn er sich nicht auskannte, navigierte er nach dem Stand der Sonne. Wer kann das schon? Er hatte es in der Wüste von den Beduinen gelernt.

Jaap ist gebürtiger Niederländer und war für seinen langjährigen Arbeitgeber überall auf der Welt unterwegs gewesen – am Golf, in Sibirien, in Südamerika, in Nordafrika und Südostasien zum Beispiel. Er kann viele Sprachen und ist seiner Frau zuliebe nach Island gezogen. Er ist ein echt feiner Kerl und „mit allen Wassern gewaschen". Ich bin froh, sein Freund zu sein. Schon auf der Fähre hatte er meine Neugier auf Island befriedigt und wir hat-

ten ausgiebig philosophieren können. Sein häufigster Satz schloss so manche Unterhaltung ab: „Wir könnten es viel schlechter getroffen haben“. Genau lieber Jaap, so ist es.

Vor der Einfahrt in den Hveragerði Naturpark mit heißen Quellen, Vulkanen und atemberaubender Natur ließ er Luft aus den Reifen des Toyota Hilux mit Kabinenaufsatz, denn es kam grober Schotter, der letztendlich jedem noch so stabilen Fahrzeug zusetzte. Nach kurzer Fahrt machten wir eine kurze Wanderung zu einem populären Hot Tub – einer natürlichen warmen Badestelle, an der es inzwischen sogar einen Holzsteg und eine Schutzwand zum Umkleiden gab. Vom Ort Hveragerði wären es 40 Minuten Wanderung. Es ist ein Fluss, dessen Zulauf von heißem und

Hottub Badestelle im Hveragerði Park – Dieser Geheimtip ist keiner mehr, denn inzwischen gibt es sogar Holzstege am warmen Fluss.

kaltem Wasser mittels Klappen auf ein behagliches Maß gemischt wird. Ich hatte Jaap gefragt, wie das denn sonst zu organisieren sei, dass zufällig genau 38–40° Wassertemperatur in so einem Hot Tub sind. Zufällig geht es eben höchst selten, denn bei viel Regen ist das Wasser zu kalt, bei Trockenheit viel zu heiß. Da lagen wir auf Kies gebettet im Wasser, blickten in die umliegende Berglandschaft, die hier und da dampfende Quellen enthielt und philosophierten wieder.

Als wir zurück zum Auto gingen, aß ich eines der zwei Käsebrötchen und bot auch Jaap eins an. Aber er nahm lieber seine Rosinen und das genügte. Er ist ein sehniger Typ mit viel Bewegungs- und Freiheitsdrang. Selbst auf der Fähre hatte er den Mangel an Auslauf unten im Fitnessraum zumindest teilweise kompensiert. Wir zogen uns um und nahmen trotz besten Wetters Regenjacken, Pullover und ausreichend Wasser mit. Ein weiterer Merksatz von Jaap: „Das Wetter in Island kann sich mit einem Fingerschnipp ändern und total umschlagen!“ Und so wie er es sagt, glaube ich es sofort. Er ist viel mit dem Mountainbike im Landesinneren, teils mehrere Tage am Stück, unterwegs. Dort wohnt praktisch niemand und Menschen, Straßen, gar Strukturen sind nicht zu erwarten. Das ist sein Revier und das gibt es kein zweites Mal in Europa! Wir waren gewappnet, weil er umsichtig genug war, für mich richtige Wanderstiefel mitzubringen.

Aus diesen Löchern kam wirklich sehr, sehr heiße Luft!

Es war auch der eine oder andere Flusslauf zu überqueren.

Die Landschaft ist nicht zu beschreiben, weshalb ich lieber Bilder sprechen lasse. Es ist eine unwirkliche, phantastische Gegend. Keine Felsformation gleicht der anderen, mal ist sie wellig, mal blockartig. Mal sehen wir ein anthrazitfarbenes Schottertal mit Rissen im Boden, mal Hänge voll von in Grüntönen schillerndem Moos oder schreiten durch einen engen Canyon. Jaap stets voran mit großen Schritten, bergauf – bergab. Er hat lange Beine und war früher ein schneller und ausdauernder Läufer. Im Nachhinein konnte ich froh sein über mein zweites Käsebrötchen, denn die Wanderung erforderte Energie. Er warf einfach ein paar Rosinen ein.

Nach knapp vier Stunden sagte Jaap, wir hätten nur zwei Möglichkeiten: Entweder vorwärts und in einem Bogen weitere fünf Stunden zum Auto oder denselben Weg zurück. „Auf keinen Fall zurück", war meine Antwort, denn das hatte ich noch nie gemocht. Wir brauchten lange, weil ich dauernd fotografierte. Gut, dass das nicht mehr nur mit Zelluloid geht, sonst hätte ich eine ganze Mannschaft für den Transport gebraucht. Die Farben der Quellen lassen kein Spektrum aus und sind – wie vermutet – hoch giftig. Heißer Schlamm spritzt hoch oder auch mal eine fauchende Heißluftfontäne. Auch an den Flussläufen ging Jaap stets voran, um in drei – vier Schritten halbwegs trocken rüberzukommen. Ich sah mir das genau an und analysierte, ob ich davon abweichen oder es genauso machen sollte. Es war die helle Freude, eigenen Fußes durch die Welt zu wandern. Da lohnte sich meine Fitness, denn wir hatten es noch weit. An einem Plateau sahen wir eine Art Mondsiedlung. Es war eine Geothermie-Station. Hierher kommen große Teile der Wärme für den Ballungsraum Reykjavik. Von den 370.000 Einwohnern Islands sind das nahezu zwei Drittel. Weil die Bevölkerung immer weiter wächst, neue Stadtteile entstehen, aber auch alte Leitungen marode werden, muss ständig nachgebaut werden. Die Erdkruste ist hier so dünn, dass die Hitze direkt abnehmbar ist, nach der man bei uns tief bohren würde. Die Kontinentalplatten von Europa und Amerika kratzen hier aneinander.

Es würde nicht dunkel werden, soviel war sicher, aber selbst dann hätte Jaap navigieren können. Ich hatte die Orientierung verloren und verließ mich vollständig auf ihn. Es war das erste Mal in meinem Leben, dass ich die Richtung nicht hinterfragte. Der Wanderweg war durch kleine Holzpfeiler mit roter Kuppe vorgegeben. Jede Abweichung ist strafbar. Wir wagten trotzdem eine kleine Abkürzung, denn Jaap wusste, wie wir, ohne etwas kaputtzumachen, über ein Schotterfeld einen Berg auslassen konnten. Ich sagte, das könne ja wohl nicht so schlimm sein, aber er meinte, selbst das schlechte Vorbild für andere sei schädlich genug. Am Himmel zeigte sich immer mal wieder ein Hubschrauber und Jaap erklärte, sie würden jetzt kommen und uns festnehmen. Ich glaubte ihm alles und er lachte, ja, er ist witzig. Es waren Helikopter mit Touristen an Bord, die später berichten würden, sie hätten Island aus nächster Nähe erlebt und Leute gesehen, die da unten durchwanderten. Irgendwann wollte Jaap wissen, ob ich eine Ahnung habe, wo wir eigentlich sind. Ich verneinte und er verkündete mir die frohe Botschaft, dass wir unmittelbar vor dem Auto seien. OK, alles ist relativ, es war dann doch noch eine knappe Stunde, bis wir wieder im Wagen saßen, voll mit den Eindrücken des Tages.

Man hat uns gewarnt.

Weltpolitik an einem unscheinbaren Ende der Welt: Das Höfði-Haus

Auf der Straße Richtung Reykjavik sah ich ein, was Jaap mir immer geantwortet hatte, wenn ich davon anfing, die Stadt zu besichtigen: „Da ist nichts". Es stimmt nicht ganz, aber gemessen an einer vergleichbaren Stadt wie Koblenz bei uns, ist da wirklich wenig. Es ist viel, aber wenig Romantisches oder gar Altes, das man besichtigen könnte.

Es genügte eine kleine Stadtrundfahrt mit dem Rad am anderen Morgen, bevor ich wieder raus aufs Land fuhr. Das Höfði Haus hat mich noch am ehesten beeindruckt, denn es hält einen entscheidenden Zipfel deutscher Geschichte fest: Das Ende des Kalten Krieges (oder muss man bald sagen, des 1. Kalten Krieges?) wurde hier eingeläutet mit einer Begegnung der Präsidenten Gorbatschow und Reagan 1986. Sie verständigten sich an jenem 11. und 12. Oktober in der geographischen Mitte zwischen den Blöcken West und Ost und ließen Vernunft in die Beziehung einfließen. Fast genau drei Jahre später fiel die Mauer, Deutschland wurde wiedervereint und ich konnte nun deshalb dort stehen und die Gedenktafel lesen.

Ich sah die Innenstadt mit Pubs auf drei Straßen verteilt und die Hallgrimskirche. Dann wendete ich mich nach Nordosten, radelte auf einem immer schmaler werdenden Rad/Gehweg

Das ist schon fast die Hälfte des Stadtzentrums von Reykjavik.

hinaus aus der Stadt und passierte die letzten umgekippten e-Roller und ein Bushalteschild als Zeichen großstädtischen Lebens. Allmählich vereinzelte sich auch die Flut von Autos und ich war wieder mehr bei mir selbst.

Das war auch wichtig, denn mein Zwischenziel war zwar Þingvellir, das Nationalheiligtum – der Ort, an dem Island 'gegründet' wurde. Aber ich wollte dann noch weiter vorstoßen nach Norden. Zwei Gründe hatten mich zu dieser Tour weit abseits der Ringstraße geführt: Der Tunnel Hvalfjarðargöng ist einer von zweien, die für Fahrräder gesperrt sind. Der Umweg in Richtung Borgarnes um den Fjord herum beträgt allein schon 50 km. Und in Borgarnes bekam ich schon im Januar keine Unterkunft mehr. Mir blieb nur, abseits der Strecke zu suchen und so fiel die ‚Wahl' auf Hvítárbakki am Fluss Hvítá. Das ist nicht mehr als ein Gehöft und liegt weit entfernt von Bogarnes. Statt der 126 km wären es auf großen Landstraßen über 160 km bis dorthin gewesen. So nahm ich die Route über die Straßen 36, 52 und 50. Warum hatte ich mich überhaupt schon im Januar für Unterkünfte im Juni entscheiden

Die Hallgrímskirkja ist natürlich das höchste Gebäude Islands.

müssen? In einem Blog las ich, dass ein großer Run auf Island zu erwarten sei und dass man mit Reservierungen besser führe. Selbst 5 Monate vorher wurden die Übernachtungsmöglichkeiten knapp. Ich mochte das frühe Reservieren noch nie, aber es ging wohl nicht anders.

Schon vor über tausend Jahren kamen die Vertreter einer Volksversammlung in Þingvellir zusammen, um wichtige Entscheidungen einvernehmlich zu fällen. Der Althing ist damit eines der ältesten Parlamente der Welt. Die Landschaft mit ihrer sich zu Gräben aufreißenden, vulkanischen Struktur war perfekt für diese Zusammenkunft. Tatsächlich ist von alldem wenig zu sehen und in meinen Augen nicht halb so spektakulär, wie die Landschaft im Osten Islands. Und doch gehört die Ebene zu den drei wichtigsten Sehenswürdigkeiten. Mit den anderen beiden, dem Wasserfall Gullfoss und den Geysiren des Haukadalur, bildet sie den Golden Circle. Den Geysir hätte ich sehr gern gesehen, aber er lag zu weit weg von meiner Tour und man kann halt nicht alles haben.

Auf dem Weg nach Þingvellir kommt man an den See Þingvallavatn. Und weil die Ebene so unspektakulär war, erhoffte ich mir wenigstens hier ein gutes Bild. Das bekam ich auch, aber ganz anders als gedacht. Ich knipste den See mit der Vulkaninsel Sandey in der Mitte, aber das ergab kein gutes Motiv. Jonathan aus Utah bewahrte mich davor, ganz ohne Foto von hier abzureisen. Er entstieg mit etwa 15 andern aus mehreren Vans und trug seine ‚Hasselblad' vor sich her – eine echte Kamera mit einem echten Film drin! Die anderen schleppten Stative, einen Hintergrundblitz und weiteres

Portrait Shot von Jonathan Canlas während er seine Hasselblad einstellte. Ein Foto – ein Treffer.

Der See
Sandkluftavatn

Equipment heran. Er hatte sich wohl kurzfristig entschlossen, seinen Masterclass Workshop ‚Landschaftsfotografie' nach Island zu verlegen. Tja, und die anderen, das waren seine Schüler:innen. Er machte ein paar Probeaufnahmen, bevor er mit dem eigentlichen Workshop begann. Man weiß es oder auch nicht: Ich liebe Kameras und so stellte ich mich in den Weg. Er ließ sich mangels Alternativen darauf ein und schoss einmal. Ich reckte die Arme hoch und posierte, weil ich eigentlich erwartet hatte, er würde 300 Mal abdrücken. Aber er sagte nur, dass ich mal kurz so bleiben solle, das wäre ganz gut. Dann ein zweites Foto und fertig. Daran erkennt man den wahren Meister: Ein Schuss – ein Treffer! Das Ergebnis ist auf dem Backcover dieses Buches. Vielen Dank, lieber John!

Wo Touristen sind, da gibt es auch ein Café. Sie hatten tollen Schokokuchen und andere Leckereien zum Preis einer Hauptmahlzeit. Da schlug ich zu und dann musste ich wirklich los. Es ging noch 23 km auf der Asphaltstraße 52 (manchmal auch mit 550 bezeichnet) Richtung des Þórisjökull – einem Nachbarn des

Solange es rollt,
ist alles kein Problem.
Und wo es viel hoch,
geht, geht es auch
mal runter.

großen Gletschers Langjökull. Und dann musste ich links auf die Schotterstrecke. Ich hatte ungefähr zehn Kilometer Schotter berechnet, aber es sind über 25, stellte sich später heraus. Immerhin hatte ich das Poison Taxin Gravelbike genau für diese Situation angeschafft und es hatte sich nun zu beweisen. Die Steine waren grob, aber weil ich nicht bis zum Maximum aufgepumpt hatte, fuhr es sich ganz passabel. Das Rad war gut steuerbar, der als weich eingestufte Alurahmen machte seine Sache ordentlich und ich kam trotz starker Steigungen und Gegenwind voran. Der Wind wirbelte Staubsäulen auf und die zwei Autos, die mich passierten, machten keine zwanzig Zentimeter Platz! Das waren Einheimische, ganz sicher. Denn hier hilft kein Zurückschrecken vor Klischees: Isländische Autofahrer haben in der großen Mehrzahl keinen Bock auf Radfahrer. Das Radfahren ist überhaupt nur zwei Monate im Jahr sinnvoll. Und in den zwei Monaten ohne Wetterunbill kommen wir da hin und halten den Verkehr auf. Wenn ein Auto langsam von hinten an dich ranfährt, nochmal die Lage checkt und überholt, ist es ein Touristenauto. Wenn es von hinten kommt und dich fast von

Schon beinhae schicksalhaft zu nennender Abzweig, zu dem es aber keine Alternative gab.

der Straße pustet – inklusive unkontrolliert herumfliegender Steine – dann ist es ein isländisch besetztes Auto, da beißt die Maus keinen Faden ab.

Ich hatte gefühlt schon fast den Schotterteil der 52 geschafft, als der Reifen platt wurde. Es war nämlich ein grober Fehler, nicht das Maximum aufgepumpt zu haben. Ohne Brille hatte ich auf dem Reifen ‚Max 3.5 Bar' gelesen, es heißt aber ‚5.5 Bar'. Ich hatte einen Stein frontal erwischt und mir einen ‚Snakebite' zugezogen: Zwei Längsrisse parallel im Schlauch. OK, dafür hatte ich alles dabei. Die Sonne schien, aber leider konnten auch die Mücken ihr Glück kaum fassen, an so einem schönen Tag auch noch ein Säugetier zu treffen, das sich aussaugen ließ. Ich packte mich ein und flickte den Schlauch, zog aber einen neuen auf. Denn mein Freund Stephan hatte mir empfohlen, mindestens zwei Ersatzschläuche mitzunehmen, worüber ich mich hinweggesetzt hatte. Jetzt sah es nicht mehr so unwahrscheinlich aus, sich noch einen zweiten Durchschlag zu fangen. Denn die Pumpe funktionierte nicht so richtig und ich bekam nur so 1.5 Bar

Auch diese dusty road sollte sich in eine muddy road und zurück verwandeln.

auf den Reifen. So entschloss ich mich, die restlichen vier Kilometer zu schieben. Als ich dann nach sechs Kilometern über eine Kuppe kam, sah ich eine weite Ebene, an deren Horizont sich ein Arbeiter mittels Monstermaschine an der Schotterstraße zu schaffen machte. „Oh, das wird ein langer Tag“, dachte ich so bei mir.

Es überholte mich seit dem Platten kein Auto mehr, das ich hätte stoppen und um Mitnahme bitten können. Aber ein Wasserauto kam entgegen und füllte sich in einem Tümpel neu auf. Ja super, so käme ich noch in den Genuss einer Schlammstraße. Ich beeilte mich, denn vielleicht nähme er mich mit. Immerhin hatten wir 17 Uhr und das könnte für ihn Feierabend bedeuten. Aber so sehr ich mich auch beeilte, er kam kurz vor mir vom Nachfüllen auf die Straße zurück und fuhr eilig davon. Mal wieder galt: ‚Dunkel wird es heute nicht mehr‘. Am Rand lag ein Nummernschild, das den Erschütterungen eines Autos nicht standgehalten hatte. Das konfiszierte ich als Trophäe und Andenken an diesen Tag.

Straßenbauarbeiten auf der Uxahryggjavegur genannten Route – und ich mittendrin. Erst jetzt sehe ich, dass der Fahrer freundlich winkt.

In einem schmutzigen Kleinwagen rumpelten mir vier Däninnen entgegen und bremsten ab. Sie wollten Hilfe anbieten, aber es fiel ihnen nichts ein, außer ein paar Schokoriegel. Mir fiel auch nichts ein und die Riegel waren besser als nichts. Ich fragte sie, wie lang die Schotterstrecke noch war. „Sehr lang, mindestens zehn Kilometer." Das gab dann meinem sonnigen Gemüt doch einen kleinen Dämpfer.

Eine halbe Stunde später überholten und winkten Hectoro und Irina aus Genua mit ihrem Leihwagen. Nach fünfzig Metern hielten sie an und fuhren rückwärts und mir schoss eine Idee durch den Kopf: So ein modernes Dings hatte doch oft einen Kompressor, der sich mit Batteriestrom betreiben ließ. So war es und sie räumten alle Koffer auf die staubige Piste, um an den Kompressor zu kommen, der originalverpackt auf dem Grund der Höhle lag. Wir pumpten auf, als die Baumaschine auf uns zu kam. Ich sagte, wir müssten abbrechen und schnell die Koffer ins Auto oder wenigstens an die Seite räumen. Sie meinten, das sei alles nicht schlimm und dann kam das Monster auch schon und staubte alles ein. Auweia, aber sie nahmen es nicht krumm.

Rettung in der Not durch Irina und Hectoro aus Genua.

Der Kompressor schaffte auch nicht mehr als 2.8 bar, aber ich konnte bei vorsichtiger Fahrweise sicher besser vorankommen. Da kam auch schon das Wasserauto und ich machte nochmal Alarm wegen der Koffer. Der Strahl ergoss sich über die Koffer und spülte den Schlamm in die Ritzen und Reißverschlüsse. Davon werdet ihr ein Leben lang etwas haben, liebe Irina und Hectoro und vielen Dank für eure Hilfsbereitschaft hier draußen in der Einöde!

Noch vier Kilometer und der Asphalt hatte mich wieder. Was war eigentlich passiert – ein Platten, weiter nichts! Und doch hatte der mich so lange aufgehalten, weil ich nicht gut ausgerüstet war. Der Schlüssel war der Luftdruck und die entsprechende Pumpe – ein wichtiges Detail! Nun trat ich wieder wie gewohnt in die Pedale, der Gegenwind frischte auf, aber das machte mir nichts. Regen kam auf, aber das machte mir auch nichts. Ich war um ein Abenteuer reicher. Bei tiefstehender Sonne erreichte ich die Unterkunft am Ende der Welt und ich war müde, aber happy. Es hätte schlimmer kommen können. Morgen würde ich mein Rad vom Schlamm befreien und Luft pumpen, soviel wie irgend ging!

Weil es keinen Supermarkt gegeben hatte, war ich überglücklich, dass diese Pension sogar ein Frühstücksbuffet hatte. Irgendwie schien es sich auch um eine Art Meditationszentrum

Zurück auf dem rechten Pfad fand ich meine Ruhe wieder am Canyon der Grimsa

zu handeln, denn die Bewohner wandelten mehr als sie gingen und wirkten irgendwie geläutert auf mich. Was ich am Frühstückstisch noch nicht wahrnahm: Am Horizont, nicht weit von hier, würde ich zwei Stunden später auf der anderen Seite der Hvítá entlangfahren, um auf die Ringstraße Nummer 1 nach Norden zu abzubiegen.

Der kälteste Moment meines Radabenteuers bewegte mich zu dieser Kapitelüberschrift.

# Der kalte Nordwesten

Ich streifte den Nordwesten nur. Die Westfjorde bilden einen großen Teil des Landes, sie sitzen wie das Geweih eines Rentieres auf dem Haupt, links auf dem Rund der restlichen Insel aus Feuer und Eis im Nordatlantik. Ich hatte sie nicht besuchen können, denn dafür bräuchte man eine extra Woche – mindestens!

An der Kreuzung südlich von Bifröst war ich zurück auf der Ringstraße und wollte doch noch nicht durchstarten, denn die Pferde lockten mich mal wieder an. Wer konnte da einfach vorbeifahren! Die Flüsse Norðurá und Hvítá bildeten ein breiteres Tal, so dass man die Bergketten nur als Horizont wahrnahm. Die Flüsse sind mal überquellend tief und breit, mal schwach und dünn, denn sie sammeln das Schmelz- und Regenwasser. Darin leben Lachse und andere Fische, die über die Stromschnellen und Wasserfälle springen. Mal wieder war ich trotz kühlem Gegenwind der festen Überzeugung, dass wir Mit-

Pferdeweide im Tal der Norðurá – einem Nebenfluss der Hvítá

teleuropäer uns überhaupt kein Bild davon machen können, wie es hier im Frühjahr oder Herbst oder gar im Winter aussieht. Für mich war das Wetter weiter moderat, auch wenn der Wind auf der Anhöhe pfiff. Ich brauchte nur meinem inzwischen trainierten Körper dabei beobachten, wie er mich immer weiter voranbrachte. Im Norden kam ich wieder zurück ans Meer. Die Fjorde hatten mich wieder, hier war es der Hrútafjörður. An diesem stillen Ufer gab es zwar ein Museum, aber ansonsten kaum Menschen. Mitten auf dem Parkplatz des verwaisten Hostel brütete eine Möwe in einem Nest aus Steinen. Mein Blick ging direkt über den Fjord. Unweit davon dampfte eine – wie immer nach faulen Eiern riechende – heiße Quelle vor sich hin, womit ganz sicher auch das Hostel beheizt wurde. Auch das ist Island – zur Abwechslung heute unspektakulär.

Je weiter man Richtung Norden kam, desto kälter wurde es. Leider musste ich in Hvammstangi die Seehunde links liegen lassen. Sie waren nicht gefährlich, sie waren nur auf der falschen Seite des Fjords. Wenn es nicht so kalt geregnet hätte, wären die

Mystische Stimmung in einer Regenpause am Vatnsdalsfjall bei Blönduos

12 km Umweg kein Problem gewesen an einem Tourtag 11, der nur 65 km kurz war. Ansonsten gab es nur zufriedene Schafe, Pferde und eben den kalten Regen. Der hätte mich nicht so gestört, wenn nicht relativ viele Autos entgegengekommen wären, die ohne Rücksicht auf mich überholten. Ich konnte mir das nur erklären, weil wir Sonntag hatten und ein Wetterumschwung die Hauptstädter zur vorzeitigen Abreise aus den Westfjorden verleitet haben musste. Ich wurde regelmäßig von vorn geduscht und befestigte zur Sicherheit mein Licht hinten und vorn am Rad. Außer in Tunneln wurde es nicht dunkel, aber hier war es angebracht. Der eine oder die andere zögerte dann doch, rücksichtslos zu überholen.

Dann kam endlich eine Tankstelle, aber ganz ohne Kaffee und Einkaufsmöglichkeit. Ich musste auch feststellen, dass mein Ziel nicht Blönduos, sondern ein Gehöft weit abseits davon war. Mit anderen Worten war es langsam wieder Zeit, den Lebensmittelhandel im Auge zu behalten, um nicht ohne Essen dazustehen. Immerhin kam dann das ‚VIKING Restaurant & Guesthouse'. Ich schlug mir den Magen richtig voll, denn es gab nichts zum Mitnehmen. Danach sprintete ich die restlichen 30 km über den nassen Asphalt unter dem Regen hindurch, um auf einer Schotterstraße einen Abstecher 10 km nach Süden machen zu

Wanderpferde bei Blönduos kamen mir in großer Zahl entgegen.

müssen. Anderntags konnte ich die 10 km wieder nach Norden zurückfahren, um weiterzukommen. Diese Unterkunft war ein weiteres Ergebnis der Buchungssituation im Winter. Immerhin sah ich in den tiefhängenden, sehr romantisch anmutenden Wolken das vertraute Bild: Bergketten links und rechts, die knapp 1000 m hoch waren.

Ich konnte mich an einem Schauspiel kaum satt sehen: Viele Pferde mit und ohne Reiter:in kamen auf mich zu. Sie scheuten vor mir, weshalb ich erst langsam, dann gar nicht mehr fuhr. Ich machte ein paar Handyfotos und es kamen immer noch mehr Pferde. Trotz Regens holte ich die Kamera heraus und knipste, was das Zeug hielt. Links und rechts strömten sie an mir vorbei. Es waren bestimmt 200 Pferde! Dann trabten noch ein paar Nachzügler vorbei, die von Reiterinnen aufgefordert wurden, nicht jetzt, sondern später zu fressen. Saftiges Grün gab es wahrlich genug. Ein Autobus bildete das Ende des Trosses. Es stellte sich heraus, dass mein Zimmer in einem Reiterhof lag, der solche Touren organisiert: Es werden vier bis fünf mal mehr

Pferde als Reiter verbraucht, um eine mehrtägige Reitwanderreise zu machen, denn so ein Tier schafft nur 8–10 km mit Mensch. Auf einer Koppel werden unterwegs die Pferde gewechselt, man erholt sich kurz, bevor es weiter geht. Das kann man drei bis vier Mal so machen. Gerade im Nordwesten ist es eine sehr beliebte und nicht billige Form des entschleunigten Urlaubens. Diese Gruppe war aufgebrochen, kurz bevor ich eintraf. In der Pension erzählten mir die Zurückgebliebenen davon.

Meine Klamotten tropften und ich war froh, endlich an einem warmen Heizkörper in trockenen Sachen zu sitzen. Die Packtaschen hatten sich bewährt. Das ist vielleicht ein guter Moment, um der Firma ‚Durner' im niederbayerischen Eggenfelden zu danken. In Vorbereitung des Abenteuers hatte ich mir beim Laufen einen Rahmentasche überlegt, die fast nur aus einem Stück LKW-Plane bestand. Man schlug das Material von allen Seiten um den Rahmen und verschloss mit Klettverschluss. So würde die Tasche praktisch für jedes Dreieck passen. Um sie regendicht zu bekommen, ließ ich die Seite in Fahrtrichtung ganz zu. Oben am Rahmenrohr und hinten am Sattelrohr plante ich Reißverschlüsse, die sich unter dem Sattel trafen, da war es am trockensten. Darüber decken sich die beiden mit Klettband vernähten Klappen. Ich fand die Firma ‚Durner', die auf Spezialanfertigungen abonniert ist. Sie machen Taschen für Ersthelfer, Defibrilatoren, Kameraequipment und alles Mögliche. Und tatsächlich ließen sie sich auf meine Konstruktion ein. Die Lenkertasche hatte ich auch gleich noch als eine maßgefertigte Rolle aus demselben Material mit 15 cm Durchmesser geplant. Eine tolle Sache und es blieb alles darin trocken und sauber. Sogar das Nummernschild bekam ich darin bis nach Deutschland. Heutzutage kommen dort der Laptop, Umziehklamotten und die Mittagsmahlzeit für die Arbeit hinein. Die Tasche ist schmal, sitzt direkt am Radschwerpunkt und bietet kaum Windwiderstand – viel besser als die dicken runden Taschen hinten am Gepäckträger.

Lenkertasche und Rahmentasche der Fa. Durner

Weil ich nichts einkaufen konnte, war die Nahrung knapp. Ich köpfte die beiden übrigen Tüten „Risi Bisi" und fand einen Rest Ketchup im Kühlschrank. Dieser Abend war ein guter Moment,

Woher sollen die Gläubigen anreisen in diese Kirche? Bólstaðarhlíðarkirkja

um innezuhalten. Ich hatte es weit gebracht, es wurde nicht einfacher im kalten Norden, aber es zwickte auch nichts. Wahrscheinlich hatte ich bei all den Umständen sehr viel Glück. So sah ich es und schlief tief, fest und lange, bis am Morgen das Haus komplett verwaist war. Es gab noch Reste von Kaffee und etwas trockenen Kuchen. Ich hatte dringend Vorräte aufzufüllen.

An der Tanke in Blönduos gab es die Gelegenheit. Aber was war das? Ich sah die gelben Boxen mit den riesigen USA-Aufklebern von Tom und Bob! Einer nestelte an seinem mit Gummistrippen zusammen gehaltenen Gepäck herum, als suche er etwas. Ich herzte ihn, obwohl er mich gar nicht kennen konnte. Ich erzählte ihm von unserer flüchtigen Begegnung und wollte wissen, wie er so schnell so weit kommen konnte. Ich hätte die beiden eher im Nordosten erwartet. Sie hatten ein Stück mit dem Bus abgekürzt, weil es einfach zu kalt und zu schrecklich war. So soll es ja auch sein, es ist kein Wettrennen, sondern Freizeit. Drinnen hatte Tom schon Pancakes am Wickel. Für mich war es nach 29 km noch zu früh für das Mittagessen. Wir tauschten uns aus

Wir trafen uns zweimal und sie retteten mich mit einem Ventiladapter: Tom und Bob aus Maryland.

und obwohl sie aus Maryland von der Ostküste kamen, konnte ich ihr Englischgeknäule schlecht verstehen. Sie hatten gegerbte Gesichter von den Radrouten dieser Welt. Vielleicht ist dann einfach auch die Muskulatur nicht mehr in der Lage, jede Mikrobewegung beim Sprechen mitzumachen. Ich hatte noch ein Spezialthema: Nach dem Aufpumpen mit dem Kompressor des Leihwagens von Hectoro und Irina hatte ich den kleinen Adapter verlegt. Hier gab es nun endlich eine Möglichkeit zum Luftpumpen, aber ich fand ihn nicht wieder. Bob kramte eine Weile draußen am Gepäck herum und übergab mir genau so einen Adapter. Der Knüller: Er schenkte ihn mir. Na, wenn das mal nicht der Anfang einer großen Freundschaft ist. So ein Adapter im Wert von 80 Cent ist für Radfreunde so viel wert, als sei er aus Gold – zumindest hier in Island. Der eine Kompressor war kaputt, der andere hatte keine Anzeige und ich musste den Druck an der Härte des Reifens abschätzen. Aber endlich war ich mit über 5 bar unterwegs. Gut so!

Die nun wesentlich leichter rollenden Reifen konnte ich im Tal der Blanda, dem die Ringstraße folgte, gut gebrauchen. Im leichten Gegenwind ging es langsam bergauf. Dieses Tal war still und kaum befahren. Massige Berge waren unten grün und oben braun – wohl Schutthalden von Vulkanen. Als ich aus diesem Tal in einen Pass zwischen den Bergen abzweigte, um nach Varmahlíð zu kommen, wurde es echt ungemütlich. So mild es unten gewesen war, jetzt gab es nur noch kalten Nebel. So war es damals auch auf dem Brocken, als ich dort von Ilsenburg aus hochgelaufen war. Unten schönes Septemberwetter, oben eisig und neblig und unten dann wieder schön. Komisch, wenn man bedenkt, dass der Nebel oben ja wohl irgendwie auch die Sonne im Tal verhindern dürfte. Ich machte wieder mein Licht an und kämpfte gegen die Steigung an. Offenbar war die Straße nicht ganz ungefährlich, denn rechts lag ein verunglückter Mercedes im Graben, der mit Flatterband abgesichert war. Es kam mir wie eine Ewigkeit vor, denn im Nebel sah man auch nicht die Kuppe, sondern musste geduldig treten. Immer höher, immer weiter. Ich machte Selfies und Videos, damit ich der Nachwelt berichten konnte, wie genau es zum Scheitern kommen konnte. Aber so schnell scheitert es sich nicht!

So ganz viel brachte mich dieses Schild auch nicht weiter, aber immerhin wurde ich von den Vikingern hier willkommen geheißen.

Ich erreichte die Kuppe und hoffte, dass es nur noch runter ging, und so war es auch. Ich wurde immer schneller, schaltete hoch und hielt den Lenker fest im Griff. Es ging lange steil hinunter und ich musste mich auf eine Kurve oder gar Spitzkehre gefasst machen, die im Nebel auftauchen konnte. Schließlich, als ich nach unten durch den Dunst hindurch war, ließ ich rollen und kam auf über 81 km/h. Das Posion lag total ruhig auf der Straße und der nicht zu harte Alurahmen schien ein Aufschaukeln zu verhindern. Aluminium dämpft die Schwingungen von Rad und Gepäck. Und das Gepäck ist gut im Rahmen verankert, ohne eigene Schwingungen zu entwickeln. Was für eine Anspannung löste sich, als ich im Tal über die Brücke nach Varmahlíð kam. Ich hatte meine Adrenalindosis für heute verbraucht. Ich kaufte ein, suchte meine Unterkunft mit dem witzigen Namen Flugumýri 2 und landete in einem eigenen kleinen Häuschen – wieder mal am Ende der Welt.

So langsam bekam ich ein Gefühl dafür, wie herausfordernd diese Tour wirklich war. Es klingt seltsam, aber nicht unbedingt lange Touren im Sonnenschein, sondern die knackigen Gebirgsfahrten formen den Charakter von Menschen, die durchhalten,

Wo Pferde sind, können ihre Halter nicht weit sein: Typisches Paddock

ohne zu zerbrechen. Es geht immer ein bisschen an der Kante des Komforts entlang, mal ein gutes Stück darüber hinaus, mal mitten rein in die Gemütlichkeit. Zweites empfand ich, als ich eine große Dose ‚Swiss Miss' im Haus entdeckte. Ich kannte es vorher nicht, aber ‚Schokotrunk mit Marshmallows' klang schon richtig gut. Dieses Lebensmittel genannte Instantprodukt aus Amerika goss ich mit heißem Wasser auf und es war eine Wucht! Zucker, Kakao und irgendwie ein unglaublich cremiges Etwas. Da versagen einem dabei alle Ökoinstinkte auf einmal! Ich machte mir abends zwei und morgens zwei große Tassen. Denn die Besitzerin hatte ja gesagt, ich dürfe alles nehmen, was da ist. Tja, da werde ich zuweilen unterschätzt.

Die Tour weiter in den Norden flößte mir ebenfalls Respekt ein, so dass ich zur Sicherheit noch ein weiteres Nutellabrot aß. Noch so ein Lebensmittel, das ich eigentlich nicht liebe, das aber unverrottbar ist und deshalb wohl kaum aus natürlichen Zutaten bestehen kann. Es begleitete mich bei allen Abenteuern, seit ich am 1. Mai 2017 ins Abenteuer Baltikum zu Fuß bis nach Tallinn aufgebrochen war. Man braucht dafür keinen Kühlschrank, es schmilzt nicht, schimmelt nicht und zerlegt sich unter keinen Umständen in seine Einzelteile. Und es hält einen zur Not auch ohne Brot über Wasser.

Wanderpferde erreichen ihr Zwischenziel, die Reiter:innen wärmten sich auf.

Mein Ziel Siglufjörður lag an der Nordspitze des gebirgigen Landmassivs zwischen Skagafjörður und Eyjafjörður. Die App zeigte mir +4°C und 9 km/h Wind von Norden und Regen an. Aber auch ‚kein Sonnenuntergang in den nächsten 7 Tagen zu erwarten'. Wenn doch, dann stimmte etwas nicht mit der Welt, dann hätte die Erde zu eiern begonnen. Genau das Wetter hatte ich erwartet, das sogenannte Island-Wetter. Zuhause schwitzten die Menschen bei über 30° und ich begab mich zur Erfrischung an den vorerst nördlichsten Punkt kurz vor dem Polarkreis. Jaap schrieb, ich solle in den Nordosten kommen, er sei dort mit dem Camper unterwegs bei super Wetter. Stephan schrieb, er sei nun seit über einer Woche in den Westfjorden bei katastrophalem Wetter, er versuche jetzt auch mal sein Glück im Nordosten. Die Leute sagten, dass das Wetter im Osten Islands tatsächlich viel beständiger und nicht so wechselhaft wie im Westen sei.

Ich war weg von der Ringstraße Nummer 1 und folgte der Straße 76 entlang des Flusses Héraðsvötn, der mit seinen Sedimenten nach und nach den halben Skagafjörður zugeschüttet hatte. Das Delta ist ein Hotspot der Pferdezucht in Island, deshalb gab es viele Reiterhöfe, wie ich einen erlebt hatte. Reitergruppen kreuzten die Straße und einmal sah ich einen Paddock, in dem gewechselt wurde. Ich unterhielt mich kurz mit dem Besitzer der Veranstaltung und er bot mir Whisky als Stärkung an. „Nein, danke“, konnte ich da nur sagen. Schnaps ist überhaupt nichts für mich. Ich fror zwar an den Fingern und Füßen, als sei es Januar, aber als Getränk der Wahl galt bei mir weiterhin Viking Lightbier zum Feierabend.

In Hofsos gab es wieder eine Zapfsäule und beinahe hätte ich den Supermarkt mit Imbiss übersehen, der sich im zugehörigen Betonklotz verbarg. Es gab Pizza und Kaffee. Man durfte beliebig viel Karamellsirup und Sahne hineinschütten. Das hatte schon was von Doping. Ich kaufte mir Datteln, denn so schön gleichmäßig wie ich sie brauchte, würden die Supermärkte nicht verteilt sein und immerhin war ich den Methoden von Jaap mit seinen Rosinen dann schon einen Schritt näher. Am Eingang sprach mich Runar an. Er hatte einst den deutschen Sparkassen isländische Pensionsfonds verkauft. Da blinkte in meinem Hirn etwas auf, das die Worte ‚Finanzkrise‘ und ‚Bankenpleite‘ enthielt, aber ich wollte die gute Stimmung nicht trüben. Er mochte mehr über meine Reise wissen – „Clockwise or opposite direction?“ Als Jugendliche machten früher viele diese Radfahrt einmal auf der Ringstraße herum, etwa so, wie wir im Osten mit dem Rad nach Prag gefahren waren oder im Westen zum Kiffen nach Amsterdam.

Für kalte Tourtage packte ich mich besonders sorgfältig nach dem Zwiebelprinzip ein.

Ich machte mich auf den weiten Weg erstmal zu einer Tankstelle, die mir zwei Franzosen von Norden kommend beschrieben hatten: Die beiden waren völlig durchnässt, trotz der Regenklamotten. Alles nicht so einfach. Ich erreichte die zweite Tanke an einer Kreuzung beim Gehöft Ketilás. Draußen stand das Fahrrad von Lorent aus Marseille. Er studiert in Brest Medizin und machte ein Freisemester. Ich gönnte es ihm. Wir tauschten uns aus und ich konnte seinem Redeschwall in Englisch mit französischer Aussprache kaum folgen. Wir kannten beide Leute, die wir auf der Tour getroffen hatten. Er war schon in ganz

Im einspurigen Tunnel kurz vor Siglufjörður gibt es Ausweichstellen.

Europa unterwegs gewesen, wollte nach Island weiter nach Alaska, dann Kanada und zum Schluss nach Oregon. Von dort meldete er sich später im Herbst wirklich. Ja, ich komme auch hier wieder zur immer gleichen Erkenntnis: Es gibt so viele positiv Bekloppte auf der Welt!

Der letzte Ritt nach Siglufjörður hatte nochmal alles, was Island so bieten konnte: Strammer Gegenwind, Regen, Kälte, Schotterabschnitte mit Matsch und Höhenmetern. An der Spitze bewegt sich der Berg so stark, dass der Schotter immer wieder mit Planierraupen nachgearbeitet werden muss. Anders als auf

Siglufjörður im Nebel am Morgen

der Ringstraße gab es hier auch viel fiese Löcher mit Schlammwasser. Es war mir eigentlich egal, denn ich wusste, ich kann das inzwischen und umso schöner ist die Dusche hinterher. Kurz vor der Stadt kam noch der Strákagöng, der älteste und nur einspurige Tunnel Islands. Darüber stürzen sich über 600 m hohe Gebirge ins Meer. Der ‚Einbreið Göng' wurde erst Ende der sechziger Jahre fertig, davor konnte man nur über eine Pass-Straße oder mit der Fähre in den Ort kommen, die allerdings nur drei Monate im Jahr geöffnet war. Meine Fahrt war ein tolles Erlebnis mit etwas Nervenkitzel. Denn man ahnt es schon: Entgegenkommende Einheimische hatten nicht viel Lust, auf einen Radfahrer zu warten und dann wurde es kurz eng.

Das ‚Hótel Siglunes' war das erste Haus am Platz mit einem unauffälligen, nordischen Charme. Die Inhaber schienen aus Marokko zu stammen. Ich durfte mein Rad im Wirtschaftseingang zur Küche abstellen, wo reges, beinahe orientalisches Treiben herrschte. Die Köche riefen, die Jungen sprangen, Töpfe polterten, Geschirr klapperte. Das waren doch schöne Geräusche,

Ausfahrt von .
Siglufjörður nach
Westen durch mehrere
Tunnel

nachdem man es durch die Einsamkeit der rauen Natur bis hierher geschafft hatte. Das wurde einem erst bei der Rückkehr in die Zivilisation klar.

So hatte ich mir diese
Leute auch vorgestellt:
Trollzeichnung
in Ólafsfjörður

Am Eyjafjörður liegt auch Akureyri, die Hauptstadt des Nordens.

## Der einsame Nordosten

Siglufjörður liegt an einem engen Fjord, in dem der Winter scheinbar weiter herrschte. Zwar gab es im Tal wieder Lupinenfelder im Überfluss, aber auf den Spitzen der Gebirge und an steilen Hängen blieb der Schnee. Die Stadt ist darin eingekesselt und mit den vielen bunten Häusern rund um den Hafen ein Kleinod. Die Tröllaskagi genannte Halbinsel hat viele über 1000 m hohe Berge und durch kleine Gletscher scharf eingeschnittene Täler.

Nicht auszudenken, wenn es die Tunnel nicht gäbe, die alle noch nicht alt sind. So konnte ich die meisten Höhenmeter einfach unterqueren und war nach kurzer Fahrt schon in Ólafsfjörður. Es ist ein beliebter Skiort und praktisch alle berühmten Söhne und Töchter der Stadt haben etwas mit dem Wintersport zu tun. Als Kanzler von Deutschland würde ich hier Urlaub machen. Zum einen wegen des Namens, aber auch wegen der praktischen Abriegelbarkeit. Ein Tunnel führt nach Norden,

Der Hafen von Dalvik ist auch Startplatz der Fähre zur Insel Grímsey am Polarkreis

einer nach Dalvik im Süden. Anders kommt man dort nicht hin oder weg. Sicherheitstechnisch wäre das eine super Sache! Es gab ein sehr süßes ‚Buchcafé Klara' und ich ließ mich hinreißen, es gemütlich anzugehen und schonmal eine Pause zu machen. Sie hatten sogar Mittagsbuffet, aber dafür war es noch zu früh. Der Wirt erzählte die Geschichte von einem Radrennen, dass hier durch alle vier Tunnel hin und zurück über 85 km ginge. Nur zwei Eisenmänner hätten das je unter zwei Stunden geschafft. Also gibt es hier kurz vor dem Polarkreis auf jeden Fall Radsport!

In Dalvik suchte ich in einem Handwerkerladen nach Flickzeug und neuen Schläuchen für mein Rad, in Vorbereitung auf die Straßen im Nordwesten. Aber das gab es nicht. Ich sprach länger mit dem Inhaber, rechnete ihm vor, dass sich etwa 50 Radler gleichzeitig auf der Route befänden und er also mit 800 Radfahrern pro Jahr kalkulieren könne. Das ist der Markt. Er gab mir einen Kaffee aus und wollte wissen, wie es denn für mich so sei, hier in Island. „Pretty good", sagte ich – es ist eine völlig andere Welt.

Die Hafenstadt Akureyri ist ein beliebter Anlaufpunkt für Kreuzfahrtschiffe.

Am Hafen ging das Schiff nach Grímsey, der Insel am Nördlichen Polarkreis. Lorent war dort und hatte die Papageitaucher (Fratercula arctica) – Puffins – fotografiert. Für dieses Buch überreichte er mir Bilder von diesen putzigen Vögeln mit Kultstatus. Auch James schickte mir Videos, als er ganz dicht an den Tieren auf Grímsey war. Danke, ihr beiden!

Auch wenn das Kapitel „einsamer Nordwesten“ heißt, kam ich erstmal in die zweitgrößte Stadt Islands – nach Akureyri, der Hauptstadt des Nordens. Bevor ich mich im ‚Backpackers‘ niederließ, suchte ich ‚Utisport', den einzigen Fahrradladen Islands außerhalb der Hauptstadt und bekam zwei Michelin-Schläuche für 6 Euro. Das muss ein Versehen gewesen sein. Mit geölter Kette fuhr ich ins Stadtzentrum, das letztendlich nur aus zwei Straßen besteht und kehrte im Hostel ‚Akureyri Backpackers‘ ein. Ein cooler Laden mit Leuten aus aller Welt, die hier gestrandet zu sein schienen. Als Abendessen wollte ich aber nicht nur Burger oder Salat, sondern was Richtiges, mindestens Nudeln. Leider gestaltete sich die Suche nach einem Platz im be-

Nächste Seite: Tief im Eyjafjörður bei Akureyri

Wer hier in der Bucht von Húsavík etwas zu vermieten hat, muss reich sein.

liebtesten Restaurant schwierig, denn kurz vor mir fluteten hunderte Kreuzfahrer, die einem Dampfer entstiegen waren, die kleine Stadt. Diese Art von Gästen sind nicht sonderlich beliebt, weil sie sich einerseits die Beine vertreten und stundenlang mit Milchkaffee auf einer Terrasse sitzen wollen, aber ansonsten wenig Umsatz in die Stadt bringen.

Zurück im ‚Backpackers' war die Stimmung am Tresen sogar noch gestiegen und ich sah mich in kürzester Zeit, wie von alten Freunden umringt, mit einem Glas Bier anstoßen. Das Bier kostete hier nur 10 € und floss reichlich. Es war immerhin Mittsommer. Mit Jakob aus Erfurt, Paolo aus Polen (ja, wirklich), mit Claudia von Madeira, Tera aus Texas, Mario aus Guatemala und Joel und Jack aus Atlanta machten wir uns einen bunten Abend.

Wir sprachen über Whalewatching, Tourguiding, Hiking. Biking, Skiing und andere Abenteuer, bis die Wirtin uns um Mitternacht rauswarf. Wobei das nur hieß, in einen öffentlichen Nachbarraum umzuziehen und weiterzutrinken. Claudia gab mir die Hälfte von ihrem Bier ab und alle jubelten, als hätten sie mir eine Krone aus purem Gold aufgesetzt. Ja, Bier ist wertvoll in Island.

Von der anderen Seite des Eyjafjörður hatte man ein tolles Panorama von Akureyri und seinen Bergen dahinter. Meine erste Herausforderung des Tages bestand in der 17 km Umfahrung des zweiten in Island gesperrten Tunnels, dem Vaðlaheiðargöng. Trotz Bierschwere in den Beinen ging ich die 300 Höhenmeter über den Pass locker an, aber locker war das nicht zu schaffen. Ich musste immer wieder raus aus dem Sattel, weil es ziemlich steil hoch ging. Die Landschaft war schlagartig einsam, weil 99 % des Verkehrs durch den Tunnel abliefen. Das Wetter im Nordosten war tatsächlich sehr gut, kalt, aber sonnig und im Windschatten der Berge kaum verbesserungswürdig.

Die Mauthinweise am Vaðlaheiðargöng waren für mich nicht so wichtig.

Ich kam in Hochstimmung, als ich hinunter ins nächste Tal rollte und machte davon ein Video. Mir kam James aus North Carolina zum zweiten Mal entgegen! Er war ‚anticlockwise' unterwegs und wir klopften und herzten uns. Ich war total happy, dass das mit der doppelten Begegnung auch wirklich funktionierte. „Good luck, good ride!" Wir Menschen sind soziale Wesen.

Es kam mir dann noch eine Dreiergruppe mit ambitionierten Radlern aus Brabant entgegen, die ich nach den Bedingungen fragte. Ziemlich direkt, wie sie nun mal sind, sagten sie: „Freu Dich auf 40 km strammen Gegenwind nach der nächsten Abzweigung." Ich konterte: „Freut Ihr Euch auf einen geilen, steilen Anstieg auf den nächsten Kilometern über den Pass Víkurskarð." Aber damit konnte ich sie nicht schocken. Sie waren vorher schon von dort über den noch steileren Steinsskarð gefahren und überhaupt: Sie hatten Beine wie Draht.

Nach einem kurzen Stück auf der Ringstraße kam die Abzweigung auf die Straße 85 nach Norden und damit blies der Wind von vorn. Auf den hatte ich mich ja mental vorbereiten müssen. Ich nahm ihn an und trat mit beständig derselben Leistung. Die Luft war den ganzen Tag über derart klar, dass es bis zum Horizont kaum eine Trübung gab. Eigentlich ein super Fotowetter, aber durch den Kampf gegen den Wind und die Abwesenheit jeglicher Höhepunkte im Tal des Skjálfandafljót nutzte ich diesen Vorteil nicht. Hier ist ein Brutgebiet von vielen

Vögeln, wie Kurzschnabelgänsen, Goldregenpfeifern, Alpenstrandläufern, Kragenenten und Falken. Und ein paar Kilometer südlich fällt das Wasser des Stroms sogar als der berühmte Goðafoss nicht tief, doch im Halbkreis sehr breit in Richtung Norden. Ich aber sah hier nur eine windige, fast steppenartige Ebene, die ich irgendwie zu überwinden hatte.

Ich brauchte Kaffee, sah aber keine Möglichkeit dafür. Es gab nach rechts einen kleinen Wegweiser ‚Ystafell Transportation Museum' und schon erkannte ich alte Traktoren und Gerümpel. Dort fuhr ich hinein und kam in ein Automuseum von überregionaler Bedeutung. Und die hatten auch Kaffee. „A bisserl was geht immer", dachte ich so bei mir und setzte mich erstmal ab. Mit dem gebotenen Respekt vor der Sammlung von hunderten Autos trat ich ein, bat zuerst um eine Eintrittskarte und dann um Kaffee. Kuchen wäre jetzt aber auch zu viel des Guten gewesen.

Es entpuppten sich die vielen, vor allem amerikanischen Oldtimer als riesige, gut restaurierte Ansammlung, die ich hier niemals vermutet hätte. Zwischen all den Buicks, Chevrolets, Dodges und Ford Mustangs fand sich auch der Cadillac, der für das weltweit erste weibliche Staatsoberhaupt angeschafft worden

Hat einen würdigen Platz im Museum in Ystafell: Der Cadillac der Präsidentin.

Die Hafenstadt Húsavík ist der letzte Außenposten im Nordwesten, der von Bussen angefahren wird.

war: Vigdís Finnbogadóttir. In diesem Wagen wurden übrigens auch die beiden Präsidenten chauffiert, als sie im Höfði Haus in Reykjavík ihr Treffen abhielten. Es gab auch Traktoren, wie den Deutz, den die Familie meiner Frau auch in der Garage hat. Mit dem fahren wir jeden Winter ‚ins Holz'.

Eigentlich waren es nur 80 Kilometer, aber weil ich gerade mal 15 km/h vorwärts gegen den Wind ankam, zog sich die Strecke. Als ich zum Schluss in der Einöde kurz vor Húsavík 5 km nach Süden über eine holprige Schotterstraße musste, war das nur der Schlusspunkt unter diesem schweren Ritt. Gut, dass ich in den ersten Tagen im Süden mit weiten Etappen vorgelegt hatte. Bei der Planung der Unterkünfte und Routen im Januar hatte ich mir das auch so vorgestellt: langsam anfahren, dann ein paar lange Etappen, die sich möglichst mit mittleren Stücken abwechselten und zum Ende hin etwas kürzer treten. Immerhin sah ich von einer Brücke noch Angler in Gummihosen im Flusslauf stehen, die Lachse fischten. Deshalb heißt der Fluss auch ‚Laxá'. Wahrscheinlich ist hier ein Anglerparadies.

In der Bucht Skjálfandi nördlich von Húsavík.

Das Hostel ‚Árbót' war, wie einige auf meiner Tour, nicht ausgebucht, weil es in einem unbedeutenden Winkel lag und sehr einfach war. Tisch, Stuhl, Bett, fertig. Dazu eine kleine Küche und eine Gemeinschaftsdusche. Diese Unterkünfte waren es, die meinen Durchschnitt auf 85 € pro Nacht drückten. Es war doch einfach herrlich, so weit weg von aller Zivilisation ihn einem festen Haus mit sauberem Bett zu übernachten. Klar, ich musste den ganzen Weg von Akureyri meine Lebensmittel hierher schleppen, sonst wäre ich verhungert. Das hatte ich nun wirklich im Griff, und es würde noch einsamer werden, soviel war klar.

Húsavík ist die letzte bedeutende Stadt in Richtung Nordosten. Bis hierher fahren sogar Busse von Akureyri und Reykjavík. Die meisten Touristen wollen auf einem der Schiffe im Hafen hinaus zum Whalewatching fahren. Jakob aus Erfurt hatte mir viel davon erzählt. Für mich ist das nichts, ich denke, man sollte sie in Ruhe lassen. Ich war sogar so kühn, zu glauben, ich sähe vielleicht vom Ufer aus die eine oder andere

Walfluke in der Bucht Skjálfandi, an der Húsavík liegt. Ich machte trotzdem eine Pause, beobachtete die Touristen beim Aus- und Einsteigen in die Schiffe und genoss das Flair des wirklich ‚hohen Nordens'.

Küstenseeschwalben verteidigen ihr Revier

Ich hatte die einzige Ecke erwischt, in der in Island schönes Wetter war. Zunächst ging es bei Rückenwind und beinahe 20° weiter nach Norden. Kurz hinter Húsavík sah ich ein paar alte Torfhäuser. Sie waren über und über mit Gras bewachsen und die Eingänge verfallen. Ich hatte auch versucht, sie zu fotografieren, aber man sah eigentlich nur grüne Hügel inmitten von gelben Blumen und Lupinen. Die aggressiven Küstenseeschwalben attackierten mich wieder und ich versuchte, zügig aus deren Gegend herauszukommen. Ich hatte einen Helm auf, also würde mir wohl kaum etwas passieren, aber sie nervten gewaltig. Irgendwas ist immer, nix is nie.

Ich wollte oben an der Spitze der Tjörnes Halbinsel nochmal den Museumstrick machen und fuhr dem Schild ‚Back to the Past Mánárbakki Museum' hinterher. Nach zweimal Pochen an einer der Türen der restaurierten Torfhäuser öffnete mir Adalgeir. Er gewährte mir für 6 € Eintritt und bedankte sich für mein Interesse. Aber er hatte keinen Kaffee. „Ich habe mein ganzes Leben hier ausgestellt," sagte er. Das gelbe Haus hatte er von Húsavík hierher verfrachtet, weil seine Großeltern darin gewohnt hatten. Es war winzig mit seinen niedrigen Decken und einer steilen, knarrenden Treppe und voll bis unter das Dach. Tausend kleine Dinge des Alltagslebens einer isländischen Bauernfamilie. Er freute sich über mein Interesse und ich versuchte, die Idee ‚Kaffee' zu verdrängen. Doch spätestens, als ich die Speisekammer sah, war es damit vorbei. Da waren leider nur leere Packungen und keine echten Nahrungsmittel drin.

Super praktischer Handschuh mit zwei Daumen

Er hatte witzige Gegenstände gesammelt, wie zum Beispiel eine Bartträgertasse oder gestrickte Handschuhe mit zwei Daumen: Wenn die grobe Wolle vom Arbeiten durchgescheuert war, krempelte man den kaputten Daumen nach Innen und einen zweiten Daumen nach außen. Die Handflächen waren dann auf

Drei traditionelle Torfhäuser und ihr Besitzer Adalgeir

Mit isländischem Weihnachtsbaum

der bisherigen Außenseite und man konnte also den Handschuh letztendlich doppelt so lange nutzen. Er hatte auch einen isländischen Weihnachtsbaum, ein Holzgerüst mit Kugeln und Kerzen dran, denn Bäume wachsen hier nicht. An der Wand

Dieses Schiff gehört ebenfalls zu Adalgeirs Museum.

hing ein Bilderrahmen mit dem Foto eines Ministers, dem Gemeinderat und Adalgeir selbst. Es waren ein Stück Schärpe und eine vergoldete Schere beigefügt. Damals wurde die Straßenverbindung eröffnet, auf der ich als nächstes meinem Tagesziel entgegen fahren würde. Genau wie bei Siglufjörður war es noch gar nicht lange her, dass eine asphaltierte Straße den Ort mit der Außenwelt verband.

Der Rest des Tages war nur Gegenwind im Spülgebiet des Jökulsá á Fjöllum, der in den Öxarfjörður mündet. Der Fjord ist nach der Form einer Axt benannt, weil er eher breit statt spitz ist. Die Gegend ist mit fünf Vulkanen sehr aktiv, aber es blieb alles ruhig. Zum Meer hin waren viel Sand und feines Geröll gespült worden und der Wind konnte sich in der Ebene schön austoben.

Bei der Suche nach einer Unterkunft im Januar am Computer wäre ich in dieser Gegend beinahe überhaupt nicht fündig geworden und biss in den sauren Apfel, eine Minihütte für 150 €

Diese Hütte war die teuerste Unterkunft meines Radabenteuers: 150 € ohne Frühstück.

zu reservieren. Sie war nicht größer als die kleinen Geräteschuppen bei uns im Baumarkt. Aber ich war zufrieden nach meiner Tour von nur 70 km. Ich würde weiter wachsam sein müssen, wenn sich eine Einkaufsgelegenheit bieten sollte.

Schon am Morgen warf ich mal wieder diesen Vorsatz über Bord, als ich bei km 12 eine Tankstelle passierte. Ich wollte statt einzukaufen die Phase mit abflauendem Wind nutzen, um zügig vorwärts zu kommen. Doch dann sah ich beim Zurückschauen einen riesigen Felsklotz vor einer Felswand. Schilder, dass dies Teil des Vatnajökull-Nationalpark sein sollte, irritierten mich sehr, denn der größte Gletscher war ja auf der Südseite Islands. Der Fluss Jökulsá á Fjöllum, der sich durch die Mitte des Landes zieht, hatte hier, vom Gletscher kommend, eine Schlucht in Hufeisenform gebildet. Dessen Mitte füllte ein Felsen in Gestalt der Elbphilharmonie, so meine spontane Empfindung. Wobei man sagen muss, die Elphi ist geringfügig jünger als diese Steine hier. Eyjan (die Insel), heißt dieser Block. So ganz wurde die Entstehungsgeschichte der Schlucht Ásbyrgi nie aufgeklärt und ich glaube am ehesten der alten Sage: Odins fliegendes, achtbeiniges Pferd Sleipnir hat hier seine Hufe in die Erde geschlagen.

Nach einer Stunde Spazierengehen und Fotografieren hatte ich dann doch noch Lust auf einen Kaffee und traf in der Tankstelle auf Matilda aus Stockholm. Dieses zierliche Mädchen hatte in Húsavík ihr Abenteuer begonnen, war am nördlichsten Punkt bei Raufarhöfn gewesen, um nun quer durch das Binnenland bis zum südlichsten Punkt nach Vík zu fahren. Ich konnte es gar nicht glauben, aber sie sagte, sie hätte auf ihrem starken Mountainbike mit grobstelligen Reifen gestern über 120 km zurückgelegt und sei das auch von ihren Touren in Schweden gewohnt. OK, also legte ich alle Bedenken beiseite und fragte nur noch nach der Versorgung über mehrere Tage. Sie zeigt mir ihre selbst genähten Taschen mit den Vorräten und war guter Dinge, das zu schaffen. Was doch positive Einstellung und Durchsetzungsvermögen bewirken können!

Odin auf Sleipnir aus der isländischen Eddahandschrift aus dem Jahre 1760.

Von dort an ging es für mich nach Norden und ich hatte zumindest bis Kópasker Rückenwind. Rechts rückte ich den Bergen langsam näher, links lag der Öxarfjörður beinahe still. Es wäre eine Fahrt wie im Tagtraum geworden, wenn nicht die Vögel wieder genervt hätten. Die Straße war voller Kot an diesem Hotspot und es konnte nicht lange dauern, bis sie auch mich damit erwischten. Die Straße mit 8 km Umweg war durch die Lavafelsen hindurch gebaut worden und ich hatte den Eindruck, in einem erkalteten Hochofen zu fahren.

Diese Lava scheint nicht besonders alt zu sein.

Das Museum für seltene Schafsrassen in Svalbarð hat womöglich nur zweistellige Besucherzahlen.

In Kópasker fand ich an diesem Samstag den geöffneten kleinen Laden wie erhofft und draußen saßen junge, belustigte Leute auf den verwitterten Plastikstühlen im Windschatten. Ich machte eine Bemerkung, dass sie den einen Tag im Jahr erwischt hatten, wo man gut draußen sitzen konnte. Aber das kam nicht gut an. Sie säßen fast immer draußen, denn hier sei das Wetter nicht so mies und regnerisch wie in den Westfjorden, der zudem von Touristen völlig überlaufen sei. „Überlaufen" ist sicher relativ, aber es stimmte: Es war nicht warm, aber eben im Nordosten doch wenig Regenwetter für isländische Verhältnisse. Erstmal Kaffee, Eis und Lebensmittel. Dann kam das schwerste Stück des Tages, die Hochfläche Öxarfjarðarheiði. Matilda hatte davon geschwärmt, aber ich empfand diese Ebene mit ihrem Pass über 380 m einfach anstrengend und beinahe öde. Als ich feststellte, dass mich dort nur einmal in zwei Stunden ein Auto aus meinem Tritt gerissen hatte, sagte ich mir: „Genieße es, das gibt es nicht oft in deinem Leben!" Der Wind schnitt seitlich ins Gesicht und man spürte das arktische Klima des nur noch 25 km entfernen Polarkreises.

Am lang ersehnten Ende ging es ein paar Mal auf und ab und die Straße schlängelte sich dann zwischen einzelnen Felsvorposten in Richtung des westlich gelegenen Þistilfjörður hinunter.

Vorherige Seite: Fels Eyjan von Ásbyrgi

Hier war es jetzt so, wie man mir bei der Radmesse in Bonn erzählt hatte: Man musste bergab heftig treten, um nicht rückwärts wieder hinauf gepustet zu werden. Ja, das ist Island.

Von meinem Zielort Svalbarð sah ich zunächst nur zwei Häuser und vier Hinweisschilder. Keines kündigte mein gebuchtes Guesthouse an und ich befürchtete Schlimmstes. Als ich das Haus betrat, vor dem sogar eine Islandfahne aufgezogen worden war, traf ich einige Familienangehörige, die wie auf einer Beerdigung dreinblickten. Ich fragte nach dem Guesthouse und sie sagten, es könne sich nur um das andere Haus handeln. Dort versuchte ich es und trat ein, in ein „Museum für seltene Schafsrassen". Na super, das braucht es hier wirklich. Der Inhaber hatte einen Kunden, der Fleisch kaufte. Es waren Felle und eine lange Reihe von präparierten Schafsköpfen aufgehängt. Ich fragte den Mann und er sagte, das Guesthouse sei das vordere. Er kam dann mit mir, um es der Gesellschaft in dem ehemaligen Schulhaus – der Svalbarðsskóli – zu erklären. Es gab dort wirklich Zimmer für den äußerst unwahrscheinlichen Fall einer touristischen Übernachtung. Der Fall trat jetzt ein.

Die Familie hatte sich mit immerhin 18 Personen zu einer Taufe eingefunden und tafelte riesig auf. Sechs große, in Folie stundenlang gegarte Lammkeulen waren das Hauptgericht. Mir knurrte gewaltig der Magen und ich dachte darüber nach, wie ich statt meines Fertiggerichts an eine Portion dieses Essens kommen könnte. Es war Beharrlichkeit gefragt, denn einfach so fragen, ob man was davon essen dürfe, ging natürlich nicht.

Schaukasten in der Svalbarðsskóli: Dieser jugendliche Eisbär lebte einige Zeit hier am Þistilfjörður.

Sich zu verfahren ist im einsamen Nordosten nicht möglich.

Ich drückte mich in der Küche herum und kramte in den Schränken nach Resten von Kaffee und Zucker. Die älteste Frau sprach mich darauf an und half mir. Sie hatte in der Jugend etwas Deutsch gelernt von einer Lehrerin, die einst aus der DDR hierher gezogen war. Ihre Enkeltochter drapierte ungelenk Blaubeeren auf einer Schokomandeltorte, von denen sie sogar mehrere hatten. Ich konnte meinen Magen nicht mehr bändigen und ging mit dem löslichen Kaffee hinaus vor die Tür. Dort saßen vier Männer und rauchten in der Sonne. Es gab Windschatten und war also gut auszuhalten. Ich nickte in ihre Richtung, aber sie drehten die Köpfe weg. So kam ich nicht weiter und verzog mich vorerst in mein Zimmer.

Zum Duschen und für meine Klamotten musste ich mehrfach durch den ‚Saal' und nickte nach links und rechts, während die Leute genüsslich aßen. Als ich auf dem Bett liegend das Kratzgeräusch hörte, mit dem man Essensreste vom Teller in einen Eimer tat, sprang ich auf. Das war der kurze, entscheidende Moment, um sich in Erinnerung zu bringen. Ich kramte wieder in den Schränken, diesmal nach Tee. Und dann kam endlich die erlösende Frage, ob ich nicht mal probieren möge. Ganz, ganz toll. Es funktionierte. Ich hatte Island ein Stück weit verstanden. Ich versuchte, schüchtern zu wirken und lud mir dann reichlich auf den

Teller. Sie hatten Backkartoffeln dazu und eine fettige Käsesauce. Ich beeilte mich, um vielleicht noch ein zweites Mal an den Trog zu dürfen. Und so war es. Eine blonde, feenartige Frau ermunterte mich, erneut zuzuschlagen. Die ältere Frau, ihre Mutter, sagte, das sei deren Hof, von dem die Lämmer für dieses Festmahl stammten. Ich unterhielt mich mit der Farmerin über meine Beobachtung von schwarzen Mutterschafen, die weiße Lämmer hatten, während ich immer mehr Fleisch von der übrigen Keule schälte. Was nützt es, aus ethischen Gründen Vegetarier zu sein, wenn man in einer Einöde nichts zu essen hat? Ich bekam auch die letzten Kartoffeln und kratzte den Saucentopf leer. Es war ein Festmahl. Übrigens könnten die weißen Lämmer durchaus von den schwarzen Schafen abstammen oder sie wurden adoptiert. Beides kommt öfter vor.

Um es nicht zu übertreiben, verzog ich mich wieder und wartete, bis die letzten Geräusche der Familie verklungen waren. Ich traf dann doch noch den Mann von der schönen Farmerin, der die Aufräumarbeiten lediglich überwacht hatte und lobte sein Lammfleisch. Aber sich anzufreunden war nicht

Am Þistilfjörður

Ragnar und sein rostiges Auto

möglich. Vielleicht sind ausländische Männer, die sich mit den Frauen des Ortes unterhielten, nicht sonderlich gelitten. Das hat aber auch sein Gutes. Denn so entging mir womöglich ein Trinkgelage mit einheimischem Schnaps und dem fürchterlichen Haispeck, dem Hákarl Gammelhai. Zuviel Freundschaft ist auch nicht gut.

Nach einer ruhigen Nacht hatte ich einen immer schärferen Wind vor mir. Auf halbem Wege bis zur ersten Pause in Þórshöfn folgte ich in der Bucht Hafralonsa der Straße wieder nach Norden. Dadurch hatte ich einen böigen Seitenwind, der mich einerseits fast auf den linken Fahrbahnrand drückte und andererseits bei plötzlich aussetzender Böe in den Straßengraben warf. Ich versuchte Kurs zu halten und begriff die eigentliche Gefahr erst, als mich ein Wohnmobil hupend überholte. Die wenigen Fahrzeuge konnten mir so gefährlich werden.

In Þórshöfn langte ich an der Tankstelle an und wurde beim Abstellen des Gravelbikes von Einwohnern gefragt, ob ich wirklich weiter mit dem Rad fahren wolle. Ich bejahte mit dem Ziel Bakkafjörður. Sie wogen den Kopf bedächtig und sagten: „You must be a strong man". Ich bedankte mich dafür, war aber alarmiert, dass das so nicht ging. Im Tankstellenimbiss versuchte ich, mich mit der Inhaberin anzufreunden und aß ihre Tagessuppe. Sie wusste auch niemanden, der mich samt Fahrrad mit einem Pick-up nach Bakkafjörður bringen könnte. Sie selbst habe kein Auto und ihr Mann auch nicht. Alles klar: Die Tankstellen- Restaurant- und Pensionsbesitzerin an diesem Ende der Welt hatte kein Auto – auch den Transporter nicht, der draußen auf dem Parkplatz stand. Ich solle mich einfach umhören. Das tat ich erstmal an den Tischen des Imbisses und ein paar Jugendliche waren interessiert, wollten mich aber nicht in ihrem Golf mitnehmen. Sie hatten gestern, wie viele andere, ein Musikfestival in Bakkafjörður gefeiert und waren ausgelaugt. Ich überblickte im Portemonnaie meine isländischen Banknoten und frage die Leute, ob denn ein 5000 Kronen-Schein helfen würde, jemanden zu finden. Einer ging dann direkt vor die Tür und telefonierte. Ich fragte noch ein paar offensichtlich ausländische Gastarbeiter mit schmutzigen Gesichtern, aber es war nichts zu machen. Genau wie im Guesthouse in Svalbarð musste ich die Nerven behalten und meine Fragerei im Ort erstmal sacken lassen. Jetzt war die Zeit für einen Kuchen und Kaffee als Nachtisch.

Fischtrocknungsgestelle in Bakkafjörður

Dann stürzte Ragnar Virgilsfur in einer roten Notretter-Jacke herein und sagte, er habe gehört, es würde jemand für einen Transport nach Bakkafjörður gesucht. Cool, es hatte wieder funktioniert, sich nach der Anmeldung des Bedarfes zurückzuhalten. Wenn ich davon doch etwas in meinen Alltag zuhause hinüber retten könnte! Ich gab mich zu erkennen und fragte, was ich denn dafür tun müsste. „Nichts", antwortete er und ich bedankte mich für so viel Altruismus. Er meinte dann, es seien 5000 ISK ausgelobt worden und ich dachte kurz daran, dass es das Gegenteil von „nichts" sei, um ihm aber sofort den Schein in die Hand zu drücken. „So, we have a deal", sagte er mit fester Stimme und wir luden ein. Das Poison Taxin Gravel passte nur hochkant in den winzigen Suzuki Samurai. Das Fahrzeug war vollständig verrostet und im Inneren schon länger nicht mehr gesaugt worden. Mein Körper passte knapp auf den nach vorn gestellten Sitz und die Füße standen im Verpackungsmüll.

Den Helm behielt ich aus Bequemlichkeit auf, und er leistete mir gute Dienste. Mir war nicht nur die Windstärke nicht bewusst, sondern auch der Schotter und die Höhenmeter, die uns

Johannas Haus in Bakkafjörður

vom Ziel trennten. Ragnar hielt den schwachen Geländewagen gegen alle Böen auf Kurs und ich rammte mir durch die Schlaglöcher dauernd den behelmten Kopf. Er selbst war von robuster Statur und ob seiner Körpermasse nicht so leicht aus der Mitte zu bewegen. Gerade mal 27 km hatte ich auf der Sportuhr, aber die Entscheidung für diese Fahrt mit Ragnar war goldrichtig. Er erklärte mir jedes einsame Haus links und rechts, wer es früher bewohnte und warum sich das geändert hatte. Ich verstand ihn kaum, weil er sprach, als hätte er gekochte Kartoffeln im Hals.

Im Ort wurden gerade die letzten Mülleimer geleert und die Dixitoiletten auf einem LKW verzurrt – Überbleibsel des Musikfestivals. Die Wirtin Johanna war überrascht, mich schon am frühen Nachmittag zu sehen und beeilte sich, das Zimmer herzurichten. Ich duschte, räumte ein und setzte mich auf das frische, weiche Bett mit der Decke bis zur Nasenspitze. Ein unglaubliches, nicht ganz alltägliches Gefühl breitete sich in mir aus – das der totalen Geborgenheit trotz der Fremdheit des Hauses, an dem der Wind vergeblich rüttelte. Spontan fiel mir das schmale, kühle Zimmer bei meiner Großmutter ein, in dem ich in den sechziger Jahren ein paar Mal übernachtet hatte – beschwert mit einem dicken Federbett, das kaum eine Bewegung zugelassen und mich mit absoluter Sicherheit umhüllt hatte.

Johanna hatte einen Rhabarberkuchen gemacht aus einem dünnen Mürbeteig und den selbst geernteten Stängeln, die offenbar in dem steinigen Beet an der Kante zum Strand gediehen waren. Sie bewirtete mich auch mit Kaffee und wir sprachen wie alte Bekannte über meine Abenteuer, ihr Leben und die Welt da draußen. Der warme Kuchen mit Schlagsahne tat mir gut und ich merkte, wie sich in einer entspannten Umgebung auch die wohltuende Müdigkeit ausbreitete. Draußen pfiff der Wind und ich schlief beizeiten in meinem Bettchen. Dunkel wurde es eh nicht, wovon ich mich und meine Nachwelt mit einem Foto kurz nach Mitternacht überzeugen wollte. Dazu musste ich einmal kurz raus. Das Meer war nun beinahe glatt und die Sonne erschien mir auf einem goldenen Pfad bis zum Ende des Horizonts zu Fuß erreichbar.

Kuchen mit Rhabarber aus eigenem Anbau

Mitternachtssonne am Bakkafjörður

Anderntags war ich früh auf dem Rad, denn ich wollte dem im Laufe des Tages auffrischenden Wind vorgreifen und eine riesige Etappe stemmen. Nach 2 km stoppte ich aber schon, denn eine der Verpflegungstaschen an der Vordergabel war mir durch das Geschüttel auf dem Schotter abhanden gekommen, ich fand sie aber wieder. Und ich musste das Trocknungsgestänge für Fisch fotografieren. Es war länger nicht benutzt worden, aber es blieb im rauen Wetter stabil. Die Vögel kreisten, als sei gerade erst der letzte Fisch abgenommen worden und attackierten mich wieder. Sie zu fotografieren, war wie immer, so gut wie unmöglich.

Ich fuhr ein Stück zurück am Fjord entlang und dann quer über einen weiten, einsamen Landstrich auf der Straße 85 nach Vopnafjörður. Der Wind war immer da, doch so langsam gewöhnte ich mich daran, ihm zu widerstehen. Ich trank einen Kaffee im Supermarkt und kaufte alles ein, denn auf den nächsten hundert Kilometern bis zum Ziel würde es keine Gelegenheit mehr dazu geben. Die Stadt am Meer war bekannt und sicher bedeutend, aber in Wirklichkeit sehr klein und unspektakulär.

Arktische Baumwolle (Eriophorum Callitrix) am Norðausturvegur – der Straße 85.

Ich hatte mich zu entscheiden zwischen zwei Straßenverbindungen, um wieder zurück auf die Ringstraße Nummer 1 und zur Unterkunft zu kommen: Auf der Straße 917 über eine einsame, steile Schotterpiste, über einen hohen Pass und dann entlang des Fjordes, der vom Fluss Jökulsá á Brú gespeist wird, mit 75 km. Oder ich fuhr auf der Straße 85 durch ein langes, ansteigendes Tal entlang des Flusses Vesturdalsá bis zur Ringstraße und auf ihr an denselben Punkt mit 107 km. Die längere Strecke erschien mir attraktiver, zumal ich erstmal eine Weile im Windschatten der Hügelketten blieb. Später las ich, dass in der Vesturdalsá sehr viel Lachs durch Fliegenfischen gefangen wird. Ich selbst jedoch blieb weitestgehend allein auf dieser glatten, einsamen Straße, die mich allmählich auf die triste Hochebene an der Ringstraße führte. Ich fotografierte die sogenannte arktische Baumwolle (Arktisches Wollgras) und war mal wieder begeistert, wie blitzsauber die Natur ist. Johanna hatte berichtet, dass dieses Tal womöglich das mit dem meisten Schnee im Winter ist. Denn wegen des Windes bleibt der natürlich nicht überall gleichmäßig liegen. Hier sammelt er sich in einer einzigen, riesigen Schneewehe, in der kein Durchkommen ist. Schon deshalb braucht man einen Flugplatz in der Nähe. Ich hatte irgendwo einen Briefkasten in 3 Meter Höhe mit einer Treppe hinauf gesehen und mich gefragt, was das soll. Dabei brauchte man Glück, wenn man ihn im Winter am Boden überhaupt wieder fand. So ist Island.

Die Straße zog sich, bis es ganz allmählich hinab ging in ein langes Tal, das die Schlucht des Flusses Jökulsá á Brú bildete. Man täuscht sich nicht, dass es mehrere Jökulsá gibt. Es sind allesamt Ausflüsse aus dem großen Gletschermassiv des Vatnajökull, die sich in verschiedene Richtungen zum Meer ergießen. Ich nahm langsam Fahrt auf und beschleunigte mein Rad, beschwingt von dem Gedanken, das Schlimmste gemeistert zu haben. Ich blickte immer mal rechts hinunter, wo sich diese spektakuläre Schlucht Stuðlagil befinden musste. Ich hatte darüber in einem Flyer gelesen, als ich am ersten Tag in Egilsstaðir angekommen war. Aber sie blieb unerreichbar für mich, weil sie an so einem langen Tag mit über 150 km nicht zusätzlich zu schaffen war.

Zwar bot sich, abgesehen von den immer wieder spektakulären Blicken in die Schlucht der Jökulsá mit ihrem türkisfarbenen Wasser, wenig Abwechslung, aber es war doch etwas ganz anderes, als sich über eine Hochebene zu schleppen. Links kamen die beiden Wasserfälle des Rjúkandi herunter und einmal gab es eine Tankstelle. Jedoch bestand sie tatsächlich nur aus einer einzigen Säule mit einem Kartenschlitz. Nicht mal ein Stromkasten stand ihr zur Seite. Und da soll man nicht verhungern!

An der einzigen Brücke über die Schlucht machte ich reichlich Fotos und am anderen Morgen noch einmal, denn ich wollte das perfekte Bild. Eine Frau aus Schottland hatte Bedarf zum ausgiebigen Plaudern und ich ging eine Weile darauf ein. Ihr Mann wagte sich beim Fotografieren weit über das Geländer, während wir über Schafe, das Wetter und das Reisen sprachen. Es war beinahe meine längste Etappe an diesem Tag 19, ein Leckerbissen kurz vor Schluss. Ich belohnte mich in der Unterkunft, die nicht mehr weit weg war, mit einem Bad im Hot Tub. Andere Deutsche

Gegenüberliegende Seite: Der Wasserfall Fremsti Rjúkandi

waren dort, die gerade erst so richtig loslegen wollten mit ihrem Rundtrip im Kleinwagen auf der Ringstraße entgegen des Uhrzeigers. Sie wälzten Karten und Reiseführer, gaben Routen in ihr Handy ein, ließen sich Optionen offen und wogen ihre Entscheidungen ab. So hatte ich es gar nicht gemacht und es fehlten mir eben ein paar der Orte, die man unbedingt gesehen haben muss. Ich planschte im warmen Wasser und war mit meiner Art des Reisens unglaublich zufrieden.

Kleidsam: Mein neuer Islandpullover.

Nicht mal 30 km waren es vom Hof Stóri-Bakki bis nach Egilsstaðir zu meinem Hostel von vor 20 Tagen. Ich hatte einen Pass aus dem Tal der Jökulsá  und hinunter zum Lagarfljót zu überwinden. Nun hatte ich diesen lang gestreckten See vor mir, an dem Egilsstaðir lag. Ich schloss den Kreis und betrat das Tehúsið Hostel wie ein Held. Der Wirt erkannte mich wieder und nickte anerkennend. Ich hatte mir das Abenteuer Island so überlegt und dann gemacht, einfach unglaublich. Egal wie, ich kam aus dem Grinsen nicht mehr heraus. Wieder war ich zu früh, trank Kaffee zum Nachschenken und aß ein paar Kekse. Dann Dusche und Stadtrundgang. Gleich gegenüber war ein Handarbeitsgeschäft, in dem ich am ersten Tag gesagt hatte: „Wenn das Geld noch reicht, kaufe ich mir hier in drei Wochen einen Pullover". Und da stand ich nun. Leider war die deutschstämmige Mitarbeiterin nicht im Haus und ich hatte eine lustige Kommunikation. Denn mit der Auswahl war es nicht getan. Die Ärmel waren zu kurz und ich wollte 'L' statt 'M', bekam aber 'S'. Das schien zu passen. Dann sagte sie noch, diese Seite sei vorn und ich wollte wissen, woran man das sähe. Sie meinte, es gäbe keinen Unterschied zwischen vorn und hinten. OK, so kannte ich es hier und war es beinahe gewöhnt, das Kommunizieren an einer unsichtbaren, leicht verwirrenden Kante entlang. Wie heißt es so schön: Wir sprachen aneinander vorbei. Für mich war alles einfach nur lustig an diesem erlösenden Tag meines Abenteuers, an dem ich meine Rundtour von 1800 km in 20 Tagen geschafft hatte.

Der Bonustag 21 war eine eiserne Reserve, die ich nun verpulvern konnte. Für einen aberwitzigen Preis nahm ich am Flughafen einen Kleinstwagen, um auf der Ringstraße wieder

Seite gegenüber: Der Fluss Jökulsá á Brú

Heiß brodelnde Suppe am Mývatn

nach Norden, aber dann weiter bis zum Mývatn zu fahren. Durch meine Radroute auf der Straße 85 hatte ich diesen Teil des Hringevur nicht bereist. Es wäre eine Abkürzung gewesen unter Auslassung der vielen einsamen Fjorde im Nordwesten. Aber das war auch gut so entschieden, denn die Autofahrt über 180 km nach Norden, ohne einen Ort dazwischen, zog sich fast schlimmer als eine Radfahrt. Es gab dort wirklich nichts, es hätte auch keine Unterkunft oder Einkehrmöglichkeit gegeben. Ich sah Radler, die mir entgegen kamen in schrecklichem Regenwetter und Wind. Ich winkte, aber sie beachteten mich nicht. Dabei war ich bis gestern demselben Schicksal verhaftet gewesen. Woher sollten sie das wissen.

Der 2500 Jahre alte Mývatn ist ein See in einem Gebiet von starker vulkanischer Aktivität. Ich stieg bei kaltem Regen auf einem gebührenpflichtigen Parkplatz aus dem Fahrzeug und stapfte, wie alle anderen Touristen, durch den gelben giftigen Matsch. Ich sah Steinformationen voller Heißdampf, brodelnde Schlammgruben und jede Menge andere Touristen. Sie hatten sich bunte

Die Landschaft erinnerte mich an meine Reise auf den Mars – damals im Jahr 2055.

Plastikumhänge übergezogen, die aber ihre Funktion fast völlig verfehlten, weil der Wind aufkam. Ich hatte Bedenken, dass meine Kamera oder ich selbst beim Fotografieren in eine der kochenden Gruben hineinfielen und stieg nach kurzem Rundgang zurück in das Auto. So war ich also ein ganz normaler Tourist. Von dieser Sorte kommen jedes Jahr 2,5 Millionen in das Land mit 350.000 Einwohnern.

Die Schwimmgrotte des Mývatn ist inzwischen zu einer veritablen Badeanstalt aufgerüstet worden und gleich nebenan wird auch fleißig an ihrer Erweiterung gebaut. Die stolzen 35 € Eintritt sind ein Fliegenschiss gegen 120 €, die auf der anderen Seite Islands für die ‚Blaue Lagune' zu berappen sind. Ich zahlte das gern und gab mich dem Müßiggang hin, nur unterbrochen von dem Erwerb eines Drinks an der Bar mitten im Wasser.

Nächste Seite: Der Dettifoss gilt als zweitstärkster Wasserfall Europas.

Ich ließ es damit gut sein, als mir einfiel, dass der Flughafen um 19 Uhr schloss, wo ich die Autoschlüssel abzugeben hatte. Vorher wollte ich noch eine weitere Sehenswürdigkeit

betrachten, die ich auf der Radreise hatte links liegen lassen müssen – den Wasserfall Dettifoss. Er lag beinahe auf der Route, war aber nur über eine 30 km lange Schotterpiste Nummer 864 mit viel Regenwasser und Schlaglöchern zu erreichen. Die neue parallele Asphaltstraße 862 verfehlte ich leider. Wenn jeder so führe wie ich, lebte der kleine Honda nicht lange.

Der Dettifoss speist sich aus der Jökulsá á Fjöllum und stürzt sich zwar nur 47 m in die Tiefe, aber mit unglaublichen Wassermassen auf 100 m Breite. Für mich ist es der beeindruckendste je gesehene Wasserfall. Ich flitzte mit meinen Barfußschuhen über die glitschigen Steine bis zur Kante, um noch rechtzeitig Fotos zu machen. Alle anderen schlurften gemächlich über Stock und Stein. Ich war immer noch geflasht von meiner Zielankunft gestern und durch das Bad im mineralreichen Wasser des Mývatn schon beinahe regeneriert.

Alle Etappen gibt es auf Strava.

Am Abend wurde es im Hostel immer voller, weil sich eine starke lustige Motorradgang aus Italien ausbreitete. Während einige ihren Kochkünsten Pfannen schwenkend freien Lauf liessen, sangen die anderen zur Klampfe Revolutionslieder. Es war eine tolle Atmosphäre. Ich selbst beschäftigte mich zum wiederholten Mal mit der kleinen, aber schwierigen Schlussetappe – der Fahrt über den Pass zurück nach Seyðisfjörður zur Fähre. Denn es war nicht nur steil, wie bei der Herfahrt, sondern auf unserer Seite des Passes sogar sehr steil. Ich stellte mich darauf ein, drei Kilometer schieben zu müssen und plante dafür Zeit ein. Die Radreise war eigentlich nur das Training dafür, rechtzeitig wieder an der Fähre zu sein. Gut, dass es so herum war und ich stark genug für alles, was kam: In einem Zug fuhr ich hoch bis in die schneebedeckte Hochebene und dann hinunter bis zum Hafen ohne großartig zu bremsen. Mein Poison Alu Gravel war gutmütig und schaukelte nicht auf.

Ich war viel zu früh am Hafen unten und trank erstmal einen Kaffee. Leute aus Bayern erkannten mich wieder, denen ich bei der Hinfahrt mein Vorhaben erzählt hatte. Sie drückten mich wie einen guten Freund und wollten wissen, wie es war. Ich

konnte mich kaum erinnern. Es fühlte sich an, als hätte ich auf einer Hochzeit eines entfernen Verwandten einen seiner Freunde flüchtig kennen gelernt. Es lag so unglaublich viel zwischen Anfang und Ende Juni, zwischen Start und Ziel. Seyðisfjörður ist eine schöne Hafenstadt und besteht eben nicht nur aus einigen Wellblechhütten für die Technik, einer Kirche und ein paar feuch-

Der Kreis war geschlossen: Zweite Ankunft in diesem Hostel.

Schöne Hafenstadt

Wasserfall Europas.

ten Wohnhäusern. Das hatte ich gar nicht bemerkt, weil ich vor drei Wochen einfach nur los wollte. Der Fjord ist eng, geschützt und von schneebedeckten Ketten umgeben. Es gibt mehrere schöne Möglichkeiten zur Einkehr samt süßem Hotel, die einmal wöchentlich kurz komplett von Gästen überflutet werden, bevor es wieder ruhig wird.

Die Fahrzeugschlangen hatten an der Fähre keinen Platz und zogen sich geordnet durch die Anwohnerstraßen. Eine dieser Schlangen war für die 250 Motorräder und uns drei Radler bestimmt. Der Check-in war etwas chaotisch, aber Lukas aus dem Mühlviertel in Oberösterreich, Mattia aus der Schweiz mit sizilianischen Wurzeln und ich gehörten mit zu den ersten, die im Bauch der Fähre verschwanden, um unser Fahrzeug ganz vorn zu verzurren. Wir standen dann auf dem Oberdeck und tauschten uns aus, grinsten zufrieden in den grauen Himmel und sahen in den langsam kleiner werdenden Fjord zurück. Die Fähre war für zwei Stunden das ‚höchste Gebäude' des Ortes. Nach und nach flohen alle von da oben, nur wir quatschten weiter. Der Wind war wieder da, aber wir froren nicht. Wir hatten uns an das Klima gewöhnt.

Im Inneren der ‚Norröna' ging alles seinen gewohnten Gang. Ich freute mich über das reichliche Buffet mit dem Überfluss an Speisen. Ich durfte so oft nehmen, wie ich wollte. Später sang und tanzte eine Gruppe an einem größeren Platz zwischen den Treppen. Ich las irgendwas und glaubte an eine Geburtstagsfeier eines Passagiers. Aber es war ein färörischer Kettentanz – Trokingarstev – bei dem, einem Reigen ähnlich, lange Balladen und Volkslieder gesungen und dabei bestimmte Schritte gemacht wurden. So bewegten sie sich tanzend, aneinander gefasst allmählich im Kreis. Die Truppe kehrte offenbar nach Tórshavn zurück und vertrieb sich die Zeit mit dieser Ausdauer erfordernden Kulturform.

Draußen am Heck waren Kameras aller möglichen Nordlandfans auf den Sonnenuntergang gerichtet, in dem sich die Möwen tummelten. Die Sonne hatte meine Lieblingsfarbe und mit ihr war der gesamte Himmel so stark angefüllt, dass man nur vermuten konnte, wo sie unterging. Es muss irgendwo hinter Island sein.

## Abenteuer Island – was bleibt?

Das Abenteuer Island ist mir Monate später so präsent, als sei ich gestern erst zurückgekehrt. Ich könnte noch heute nicht die Frage vom Anfang beantworten, was genau ich in Island suchte und was ich gefunden habe. Ich kann nur eins sagen: Es war so und eigentlich noch besser, als ich es mir vorgestellt hatte. Vom ersten bis zum letzten Felsen ist es eine unglaublich raue, pure und abwechslungsreiche Landschaft. Die Natur geht geradezu verschwenderisch mit den hunderten von Wasserfällen, den Gletschern und Schluchten um, als dass man ihnen nicht verfallen oder sie übersehen könnte. Dazu kommen die Zonen mit starker vulkanischer Aktivität, die Landstriche mit dünner Erdkruste, unter der das Magma brodelt.

Dazu kommen die Menschen, die erstmal auf Abstand und dann zugänglich sind. In Island ist man generell privat. An keinem noch so einsamen Ort badet man nackt und wird nur selten in eine private Sauna eingeladen. Ich muss mich äußern, dann bekomme ich Zugang. Oder ich warte geschickt ab und dränge mich nicht auf, bis ich gefragt werde. Ein vorauseilendes Angebot aus Ereignisarmut habe nicht erlebt. Es werden auch nicht übermäßig viele Optionen offeriert. Ich muss wirklich hilfebedürftig sein, dann bekomme ich auch Hilfe. Ich kann mir vorstellen, dass zunächst Leuten geholfen wird, die trotz aller Umsicht Probleme bekommen. Wer sich nicht für das nahende Wetter oder schwierige Straßenverhältnisse interessiert, geht ein viel höheres Risiko ein, als bei uns. Wer Warnungen in den Wind schlägt, erntet heftiges Kopfschütteln.

Was habe ich in Island verpasst? Den Geysir, den Strokkur, habe ich verpasst, er lag zu weit ab von meiner Route. Es gibt noch den Großen Geysir in seiner Nähe im Haukadalur, der aber nur selten ausbricht. Ich dachte, es gäbe jede Menge Geysire, diese kochenden Wasserausbrüche, die hoch in die Luft schießen und ich würde einfach so einen erwischen, wie ich oft Wasserfälle sah, aber so war es nicht.

Ich sah auch keinen Wal, denn ich weigerte mich, in Húsavík auf ein entsprechendes Schiff zu steigen. Es blieb bei der Illusion, einen Wal einfach so im Meer auftauchen zu sehen. Immerhin sahen wir auf der Fähre in einiger Entfernung Orcas, die uns begleiteten und immer wieder durch die Luft sprangen.

Puffins
Papageitaucher
(Fratercula arctica)
auf Grimsey
Foto Florent Guimard

Und ich verpasste die Puffins, die Papageientaucher, die Florent und James auf Grimsey, der Insel am Polarkreis gesehen hatten. Diese putzigen, zutraulichen Vögel mit dem charakteristischen, starken Schnabel sind wie ein Wappentier für Island. Ansonsten gibt es nur wenige Wirbeltiere, die nicht zu den Menschen gehören, das ist für einen einsamen Radfahrer eigentlich nicht schlecht. Beeindruckend waren die Pferde auf den Weiden, die – jedes Klischee erfüllend – nichts weiter machen mussten, als ihre Mähne in den Wind zu halten, um mich zu entzücken.

Trotz Wind, Nebel und Regen hatte ich wohl viel Glück mit dem Wetter. Denn den schon genannten krassen Umschwung sah ich teilweise kommen, musste ihn aber selbst nicht erleben. Ich kam in einer guten Phase auch durch viele sonnige Tage und erwischte oft die richtige Ecke des Landes, um unversehrt zu bleiben. So zementierte sich weiter meine Einstellung: Man muss nur losfahren, der Rest ergibt sich dann.

Was bleibt wirklich vom Abenteuer Island? Es bleibt eine weitere Gewissheit: Die Erde ist so schön, die Natur so wertvoll, lasst sie uns schützen so gut es geht. Fangen wir noch heute damit an. Erkunden wir die Welt mit einem geringen Fußabdruck, dann haben wir lange etwas davon. Leben wir nicht immer in Saus und Braus, sondern schätzen wir das Glück gelegentlicher enthaltsamer Momente!

Farörischer Ringtanz oder auch Kettentanz Trokingarstev auf der Fähre nachhause.

Mit Island kehrte ich als Mitteleuropäer nach dem Nordosten, dem Südosten und dem Südwesten eine weitere Ecke Europas aus, um die Vielfalt der Menschen, der Kultur und Natur zu erfahren, im wahrsten Sinne des Wortes. Das ist es, was ich sehr gern mache!

# Nachwort zu Guidos Radabenteuer

Was für ein mutiger Plan! Oder sollte man sagen: welch verrückte Idee? Wer traut sich das zu: 1800 Kilometer mit dem Fahrrad in 20 Tagen? Nein, nicht durch Deutschland – sondern rings um Island! Genau, diese wilde Vulkaninsel – wo die Winde aus allen Richtungen blasen, und sich minütlich sommerliches Wetter in einen Wintersturm verwandeln kann.

Guido Lange hat das Abenteuer gewagt – und hat gewonnen! Er war sogar einen Tag früher am Ziel und konnte so dem berühmten See Myvatn einen Besuch abstatten. Wichtigste Vorraussetzung fürs Gelingen war die isländische Lebenseinstellung: Þetta reddast. Ins Deutsche kaum zu übersetzen, weil uns die isländische Coolness nicht so liegt. In etwa bedeutet es: "wird schon werden". Guido nahm sie sich zu Herzen, und hat gegen alle Widrigkeiten in die Pedale getreten. Dem isländischen Motto fügte er sein eigenes hinzu: "Es muss nicht alles klappen, aber es kann."

Carmen Rohrbachs eigenes Island-Buch

Bei meiner Wanderung durch Island habe ich, selten zwar, dennoch den einen oder anderen Radler gesehen, tief über den Lenker gebeugt. Ich fragte mich damals, wer um alles in der Welt, tut sich so eine Strapaze an? Jetzt weiß ich es: ein willensstarker Mensch wie Guido. Gewiss war es eine herausfordernde, sportliche Leistung, doch damit nicht genug, der Autor nimmt den Leser mit, lässt ihn teilhaben an Begegnungen mit Isländern, Touristen und weiteren Rad-Enthusiasten, teilt seine Gedanken und Emotionen mit dem Leser. Und Guido kann Schreiben! Beim Lesen entstehen Bilder von der Magie Islands.

Während ich den spannenden Bericht lese, denke ich bei jedem Umblättern, bei jedem Kapitel – bitte mehr davon! Bitte nicht ankommen, damit es immer weiter geht. Obgleich ich dem mutigen Radler gleichzeitig von Herzen wünsche, dass er sein Ziel erreichen, die Insel umrunden und wieder am Ausgangspunkt ankommen wird. Mich begeistert die farbige Sprache. Guido schreibt so gekonnt, dass ich mir alle Details vorstellen kann, sie bildlich vor mir sehe. Beim Lesen fühlt es sich so an, als sei ich mit dabei, würde leibhaftig seine Tour erleben. Der Abenteurer ist auf eine sympathische Art neugierig, beobachtet genau und scharfsinnig, und versteht es zudem, eine Begegnung, ein Erlebnis, einen Menschen so darzustellen, dass sich das Geschilderte, wie eine Fotografie in einem Entwicklerbad, mit Konturen und Farben zu einem ausdrucksstarken Bild vervollständigt. Die inneren Bilder, die beim Lesen entstehen, kann man dann mit Guidos Fotos vergleichen. Es sind atemberaubende Aufnahmen von einer fast surreal anmutenden Urlandschaft.

Das Schönste aber ist der Humor des Autors; er ist nie verletzend, immer fröhlich und köstlich, nicht zuletzt, wenn er sich über sich selbst lustig macht, zum Beispiel, als ein besonders eisiger Gegenwind herrschte: " Ich nahm mir vor, etwas weniger empfindlich zu sein." oder: "die Straße richtet sich nicht nach der Landschaft". oder: "80 Kilometer  in Island sind anders als eine Strecke entlang der Mosel" und: "Allmählich war ich sensibilisiert für Nahrungsmangel". Also kurzum: Das Buch von Guido besitzt alles, was einen guten Reisebericht ausmacht. Ein klasse Buch! Wenn man schon nicht diese sportliche Leistung selbst vollbringen kann, dann wenigstens  beim Lesen seines  Buches teilnehmen.

Carmen Rohrbach (www.carmenrohrbach.de)

# Packliste Abenteuer Island

| | |
|---|---|
| Gravelbike<br>gesamt 12 kg | Poison Taxin Aluminium, Poisonbikes / Nickenich |
| Fronttasche<br>gesamt 2,2kg | Eigenentwurf, Produktion Fa. Durner, Eggenfelden<br>Inhalt: Kamera Canon 650 D, Teleobjektiv, Weitwinkel, Stativ, Speicherkarten + Adapter iPhone, Ersatzhandy, Solar-Powerbank, Ladegeräte, Ladekabel, Zahlkarten, Banknoten |
| Rahmentasche<br>gesamt 3,2 kg | Eigenentwurf, Produktion Fa. Durner, Eggenfelden<br>Inhalt: Wetterjacke, Pullover, lange Hose, Shirt lang und kurz, Unterwäsche, dicke Socken, dicke Mütze, Routenkarten, Flickzeug, Ersatzschlauch, Luftpumpe, Reparaturspray, Notfallmedizin |
| Hecktasche<br>gesamt 2 kg | Apidura 16L, Fachhandel<br>Inhalt: Handtuch, Schlafsack, Schuhe, dicke Handschuhe Ersatzbekleidung auf dem Rad, Hygiene, teilweise auch eingekaufte Lebensmittel |
| Lowrider Taschen<br>gesamt 4,9 kg | Ortlieb, je 3L, Fachhandel<br>Inhalt: Gaskartusche, Kocher, Feuerzeug, Besteck, Taschenmesser, Topf, 4 x Trekkingnahrung Trek'n Eat, Gemüsebrühe, 3 x Uncle Ben's Rice, Brausetabletten, Dextro Energen, Sportgels, Trinkwasser |
| Gewicht Gepäck: | 12,3 kg<br>+Lebensmittel |
| Am Guido: | Radschuhe, Socken, Radhose Radshirt, Halswärmer, Mütze, Handschuhe, Radbrille, Helm, Handy, Portemonnaie, Lesebrille |

RUN HAPPY

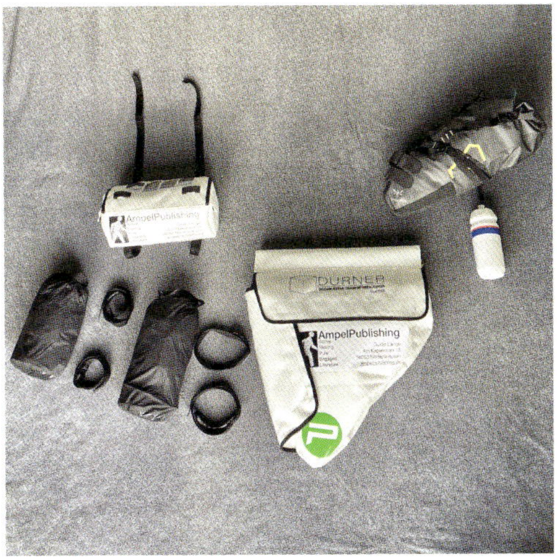
AmpelPublishing
DURNER
AmpelPublishing

AmpelPublishing

AmpelPublishing

POISON

TREK'N EAT
TREK'N EAT
TREK'N EAT
Ben's Original
Ben's Original
Ben's Original

# Routenliste Abenteuer Island

| Tour | Länge | Route | Anstieg |
|---|---:|---|---:|
| IS 01 | 29 km | Seyðisfjörður – Egilsstaðir | 642 HM |
| IS 02 | 82 km | Egilsstaðir – Fáskrúðsfjörður | 580 HM |
| IS 03 | 107 km | Fáskrúðsfjörður – Djúpivogur | 430 HM |
| IS 04 | 105 km | Djúpivogur – Höfn | 300 HM |
| IS05 | 135 km | Höfn – Svínafell | 211 HM |
| IS 06 | 148 km | Svínafell – Vík | 169 HM |
| IS 07 | 130 km | Vík – Selfoss | 184 HM |
| IS 08 | 13 km | Selfoss – Hveragerði | 42 HM |
| IS 09 | 126 km | Reykjavík – Hvítárbakki | 681 HM |
| IS 10 | 115 km | Hvítárbakki – Hrútafjörður | 615 HM |
| IS 11 | 64 km | Hrútafjörður – Blönduós | 332 HM |
| IS 12 | 79 km | Blönduós – Varmahlíð | 502 HM |
| IS 13 | 110 km | Varmahlíð – Siglufjörður | 520 HM |
| IS 14 | 79 km | Siglufjörður – Akureyri | 485 HM |
| IS 15 | 79 km | Akureyri – Húsavík | 517 HM |
| IS 16 | 68 km | Húsavík – Skjálftavatn | 367 HM |
| IS 17 | 91 km | Skjálftavatn – Svalbarð | 268 HM |
| IS 18 | 27 km | Svalbarð – Þórshöfn | 252 HM |
| IS 19 | 154 km | Bakkafjörður – Stóri-Bakki | 1313 HM |
| IS 20 | 29 km | Stóri-Bakki – Egilsstaðir | 378 HM |
| IS 21 | 27 km | Egilsstaðir – Seyðisfjörður | 766 HM |
| **Gesamt:** | **1798 km** | **21 Touren** | **9554 HM** |

Alle Tagesetappen gibt es auch im Blog – Tour-Nummer eingeben auf abenteuerbaltikum.com

# Quellenangaben

Quelle [1]: Abruf https://fcbayern.com/frauen/de/news/2023/01/islaenderin-im-interview-glodis-perla-viggosdottir-die-champions-league-zu-gewinnen-ist-einer-meiner-groessten-traeume Abruf vom 27.09.23

Quelle [2]: https://commons.wikimedia.org/wiki/File:20160816_Geysir_Andernach_41.jpg, Autor: Bungert55 Abruf vom 03.12.23

Quelle [3]: Karte hinterer Einband: Iceland Cycling Map, https://cyclingiceland.is/wp-content/uploads/2023/06/cycling-iceland2023-hlidA-1_29jun2023.pdf Abruf 04.12.23

# Inhalt dieses Buches

Alle Schilderungen in diesem Buch basieren auf subjektiven Erinnerungen.
Die Dialoge geben nicht wörtlich, sondern sinngemäß vergangene Gespräche wieder.

"Abenteuer Island" gibt es als Buch, vollständiges eBook (mit 150 farbigenBildern), als reine Textedition eBook für tolino, Pocketbook,nook und andere Geräte direkt beim Verlag unter ampelpublishing.de
Demnächst auch als Hörbuch. Außerdem erhältlich in jeder Buchhandlung und in allen einschlägigen Webshops.

Die deutsche Nationalbibliothek verzeichnet diese Publikation in der Deutschen Nationalbibliografie; detaillierte bibliografische Daten sind im Internet über http://dnd.d-nb.de abrufbar

Impressum
1. Auflage 2024


Text: Guido Lange, Fotos: Guido Lange
Titelbild: Anna-Maria Bickel, Foto Rückseite: Jonathan Canlas
Korrektorat: Annika Schneider
Lektorat: Hermann Troll
Bildbearbeitung: Viktoria Svyatnenko

Nachwort: Dr. Carmen Rohrbach

ISBN des gedruckten Originalwerkes: 978-3-9825732-1-2
 ISBN des eBook (Edition mit Bildern): 978-3-9825732-3-6

# Danke

Danke an alle, die mich seit Jahren in meiner Leidenschaft begleiten.

Danke an meine Familie, insbesondere an meine liebe Frau.

Danke an alle, die mir bei diesem Buch geholfen haben, vor allem an Anna-Maria Bickel, Annika Schneider, Florent Guimard, Hermann Troll, Saulė Bagdonienė und Viktoriia Svyatnenko.

Danke an Carmen Rohrbach für Ihren Zuspruch und die Worte am Schluss.

Danke an Jessica Lilly, Thomas Wiesel und das gesamte Team von Poison Bikes.

Danke an Rudl Durner.

Danke an alle, die mir in den Medien folgen und die meine Bücher, eBooks und Hörbücher kaufen und an alle Buchhandlungen, die meine Bücher verkaufen.

Danke an alle, die reisen nach nah und fern und die sich für diese Welt interessieren.

Foto: Jonathan Canlas

## Mehr Abenteuer von Guido bei Ampel Publishing:

### Abenteuer Atlantik

### Mit dem Rennrad und schmalem Gepäck: 4000 km entlang der Westküste Europas

24,00 € 234 Seiten
mit 200 farbigen Bildern
ISBN: 978-3-9820781-7-5

Zwei Mal fuhr Guido in die Bretragne: Von Rotterdam und von der Algarve in Portugal bis in den nordwestlichsten Zipfel Frankreichs.

Die schönsten Bilder und besten Geschichten für Abenteurer und Reisende und die davon träumen, unterwegs zu sein.

Abenteuer Transkaukasien
Guido Lange unterwegs in Aserbaidschan, Georgien der Uraine und weiter bis Wien und im Laufschritt nachhause.
18,00 € 100 Seiten
mit 200 farbigen Bildern
ISBN: 978-3-9820781-5-1

Der Plan war, von Baku am Kaspischen Meer ans Schwarze Meer zu laufen, aber das ging so nicht. Warum nicht und ob Guido trotzdem noch laufen konnte, soll nicht verraten werden. Er sah auch die Ukraine in Friedenszeiten und wird eines Tages wieder dort hinfahren.

Abenteuer Baltikum – Mein Lauf 2000 km entlang der Ostseeküste über Polen, Litauen, Lettland, Estland und mit der Fähre nach Finnland.
18,00 € 150 Seiten
mit 200 farbigen Bildern
ISBN: 978-3-9820781-0-6

Guido lief von Stralsund nach Tallinn und weiter zum Marathon nach Helsinki – immer an der Ostsee entlang und auch über die großen Inseln.
Dieses Abenteuer begründete seine Leidenschaft, sich immer wieder weit aus der Komfortzone zu bewegen und Neues zu sehen!

#loveakureyri
#loveakureyri

# CYCLING ICELAND 2023
# AND OTHER INDEPENDENT TR[…]

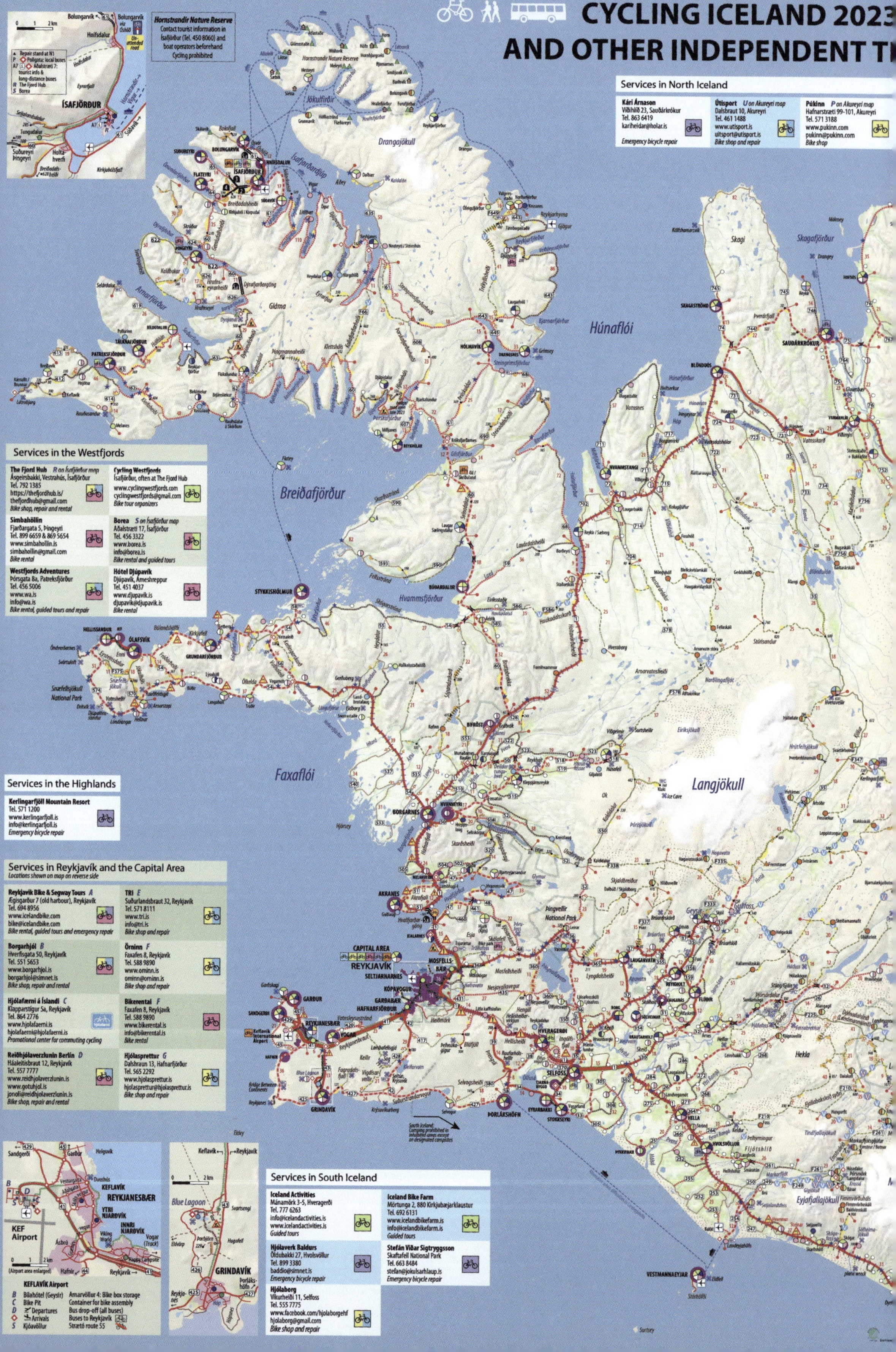


## Services in North Iceland

**Kári Árnason**
Víðihlíð 23, Sauðárkrókur
Tel. 863 6419
kariheidar@holar.is
*Emergency bicycle repair*

**Útisport** *U on Akureyri map*
Dalsbraut 10, Akureyri
Tel. 461 1488
www.utisport.is
uitsport@utisport.is
*Bike shop and repair*

**Púkinn** *P on Akureyri map*
Hafnarstræti 99-101, Akureyri
Tel. 571 3188
www.pukinn.com
pukinn@pukinn.com
*Bike shop*

## Services in the Westfjords

**The Fjord Hub** *R on Ísafjörður map*
Ásgeirsbakki, Vestrahús, Ísafjörður
Tel. 792 1385
https://thefjordhub.is/
thefjordhub@gmail.com
*Bike shop, repair and rental*

**Cycling Westfjords**
Ísafjörður, often at The Fjord Hub
www.cyclingwestfjords.com
cyclingwestfjords@gmail.com
*Bike tour organizers*

**Simbahöllin**
Fjarðargata 5, Þingeyri
Tel. 899 6659 & 869 5654
www.simbahollin.is
simbahollin@gmail.com
*Bike rental*

**Borea** *S on Ísafjörður map*
Aðalstræti 17, Ísafjörður
Tel. 456 3322
www.borea.is
info@borea.is
*Bike rental and guided tours*

**Westfjords Adventures**
Þórsgata 8a, Patreksfjörður
Tel. 456 5006
www.wa.is
info@wa.is
*Bike rental, guided tours and repair*

**Hótel Djúpavík**
Djúpavík, Árneshreppur
Tel. 451 4037
www.djupavik.is
djupavik@djupavik.is
*Bike rental*

## Services in the Highlands

**Kerlingarfjöll Mountain Resort**
Tel. 571 1200
www.kerlingarfjoll.is
info@kerlingarfjoll.is
*Emergency bicycle repair*

## Services in Reykjavík and the Capital Area
*Locations shown on map on reverse side*

**Reykjavík Bike & Segway Tours** *A*
Ægisgarður 7 (old harbour), Reykjavík
Tel. 694 8956
www.icelandbike.com
bike@icelandbike.com
*Bike rental, guided tours and emergency repair*

**TRI** *E*
Suðurlandsbraut 32, Reykjavík
Tel. 571 8111
www.tri.is
info@tri.is
*Bike shop and repair*

**Borgarhjól** *B*
Hverfisgata 50, Reykjavík
Tel. 551 5653
www.borgarhjol.is
borgarhjol@simnet.is
*Bike shop, repair and rental*

**Örninn** *F*
Faxafen 8, Reykjavík
Tel. 588 9890
www.orninn.is
orninn@orninn.is
*Bike shop and repair*

**Hjólafærni á Íslandi** *C*
Klapparstígur 5a, Reykjavík
Tel. 864 2776
www.hjolafaerni.is
hjolafaerni@hjolafaerni.is
*Promotional center for commuting cycling*

**Bikerental** *F*
Faxafen 8, Reykjavík
Tel. 588 9890
www.bikerental.is
info@bikerental.is
*Bike rental*

**Reiðhjólaverzlunin Berlín** *D*
Háaleitisbraut 12, Reykjavík
Tel. 557 7777
www.reidhjolaverzlunin.is
www.gotuhjol.is
jonoli@reidhjolaverzlunin.is
*Bike shop, repair and rental*

**Hjólasprettur** *G*
Dalshraun 13, Hafnarfjörður
Tel. 565 2292
www.hjolasprettur.is
hjolasprettur@hjolasprettur.is
*Bike shop and repair*

## Services in South Iceland

**Iceland Activities**
Mánamörk 3-5, Hveragerði
Tel. 777 6263
info@icelandactivities.is
www.icelandactivities.is
*Guided tours*

**Iceland Bike Farm**
Mörtunga 2, 880 Kirkjubæjarklaustur
Tel. 692 6131
www.icelandbikefarm.is
info@icelandbikefarm.is
*Guided tours*

**Hjólaverk Baldurs**
Öldubakki 27, Hvolsvöllur
Tel. 899 3380
baddio@simnet.is
*Emergency bicycle repair*

**Stefán Viðar Sigtryggsson**
Skaftafell National Park
Tel. 663 8484
stefan@jokulsarhlaup.is
*Emergency bicycle repair*

**Hjólaborg**
Víkurheiði 11, Selfoss
Tel. 555 7775
www.facebook.com/hjolaborgehf
hjolaborg@gmail.com
*Bike shop and repair*